RICA
DE PROPÓSITO

Como impulsionar lucros reais por meio da
produtividade assertiva e da inteligência emocional

PRESIDENTE DO CONSELHO
Maurício Sita

PRESIDENTE
Alessandra Ksenhuck

VICE-PRESIDENTES
Cláudia Pires e Julyana Rosa

DIRETORA DE PROJETOS
Gleide Santos

CONSULTORA DE PROJETOS
Daiane de Almeida

GERENTE EDITORIAL
Anselmo Vasconcelos

EDITOR
Helder Novaes

EDITORA JÚNIOR
Júlia Almeida

ASSISTENTE EDITORIAL
Emerson Xavier

REVISORES
Andresa Mancio, Giovana Mattoso e Karine Roncete

CAPA, DESIGN EDITORIAL E DIAGRAMAÇÃO
Ana Paula Nunes Medeiros

FOTO DE CAPA
Guilherme Ribeiro

EDIÇÃO DE IMAGENS
Unadma Pinheiro

FOTOS
Freepik

IMPRESSÃO
Printi

Dados Internacionais de Catalogação na Publicação (CIP)
(Câmara Brasileira do Livro, SP, Brasil)

Sollack, Michele Bouvier
Rica de propósito : como impulsionar lucros reais por meio da produtividade assertiva e da inteligência emocional / Michele Bouvier Sollack. -- São Paulo : Literare Books International, 2025.

Bibliografia.
ISBN 978-85-9455-410-9

1. Desenvolvimento pessoal 2. Desenvolvimento profissional 3. Inteligência emocional 4. Lucros - Empresas 5. Produtividade 6. Riqueza - Administração I. Título.

25-269359 CDD-658

Índices para catálogo sistemático:

1. Lucros : Empresas : Administração 658

Eliete Marques da Silva - Bibliotecária - CRB-8/9380

LITERARE BOOKS INTERNATIONAL LTDA.

Alameda dos Guatás, 102
Vila da Saúde – São Paulo, SP. CEP 04053-040
+55 11 2659-0968 | www.literarebooks.com.br
contato@literarebooks.com.br

MISTO
Papel | Apoiando o manejo florestal responsável
FSC® C196274

MICHELE BOUVIER SOLLACK

RICA DE PROPÓSITO

Como impulsionar lucros reais por meio da produtividade assertiva e da inteligência emocional

Literare Books
INTERNATIONAL
BRASIL · EUROPA · USA · JAPÃO

Querida leitora,

É com profunda alegria que a recebo neste espaço destinado ao crescimento, ao autoconhecimento e à descoberta do que realmente importa na sua vida e na sua trajetória como empreendedora, empresária e mulher de negócios, sem renunciar à vida pessoal, familiar e emocional. Este não é apenas um livro; é um convite para abrir seu coração, explorar suas emoções e abraçar o seu verdadeiro e gigantesco potencial.

É também uma celebração da força feminina, da solidariedade entre mulheres e da realização de sonhos. É um testemunho do que podemos conquistar quando nos unimos e nos apoiamos umas às outras. Estou aqui para guiá-la ao longo deste caminho e espero que, ao final desta leitura, você se sinta com o poder e a prosperidade de uma mulher rica de propósito, e jamais por um acaso. Quero levá-la a acreditar, sem hesitação, que o seu maior ativo é estar profundamente conectada consigo mesma e com a vida que deseja construir.

Ao longo das próximas páginas, você será levada a enfrentar e desmistificar seus medos e, ao mesmo tempo, reconhecer a força que reside em seu interior. Cada capítulo foi cuidadosamente elaborado para conduzi-la a uma jornada de autodescoberta e empoderamento, incentivando a prática do autoconhecimento e reafirmando seu valor intrínseco como mulher e empreendedora. Nesse espaço, suas inseguranças e dúvidas não serão apenas reconhecidas, mas tratadas como oportunidades para crescimento, aprendizado e retorno emocional e material.

Começaremos com um olhar atento para as emoções, decidindo como lidar com os medos que surgem ao longo do caminho. Muitas vezes, temos o impulso de nos ocultar ou recuar diante do que nos assusta. No entanto, é justamente na vulnerabilidade que reside nosso maior poder. Assim, serão trazidas práticas de enfrentamento e autoaceitação que não apenas oferecem o suporte necessário, mas também nos ensinam a enxergar as dificuldades sob novas perspectivas.

Com o passar das páginas, você irá se deparar com a artimanha da tomada de decisão e aprenderá a definir o rumo por meio de escolhas firmes e fundamentadas. Serão apresentadas diversas ferramentas, como matrizes de priorização e técnicas de mapeamento mental, que facilitarão sua capacidade de avaliar situações e escolher o melhor caminho para seguir em frente. A cada decisão, você se tornará mais forte e confiante, sabendo que está no controle de sua jornada.

Entretanto, não podemos nos esquecer de um ponto essencial: o autocuidado. Em um mundo no qual a correria parece o sinônimo de sucesso, muitas vezes nos esquecemos da importância de nos cuidarmos. Ao abordarmos esse tema, mostrarei como pequenas práticas diárias podem impactar profundamente no bem-estar e, por consequência, na produtividade. Afinal, você conhece alguma máquina que funciona sem bateria ou sem óleo em suas engrenagens?

Além disso, à medida que nos aproximarmos do coração deste livro, aprenderemos a celebrar as pequenas vitórias. Por muitas e muitas vezes, falarei sobre isso para que você, de fato, torne essa prática uma rotina. Quero levá-la a recordar aquelas vitórias que muitas vezes passam despercebidas na ânsia por resultados maiores.

Destaco desde já que celebrar cada passo é fundamental para manter a motivação e nos lembrar das conquistas que, juntas, nos levam longe. Aqui, irei encorajá-la a refletir sobre seu progresso, a ajustar constantemente seu plano e a aprender com os tropeços. Assim, você aprenderá a olhar para um prédio de conquistas e não para um muro de limitações e decepções, formando uma atividade poderosa para reforçar sua gratidão e o olhar carinhoso para cada etapa da sua jornada.

Vamos refletir também sobre o momento em que precisaremos nos preparar para os novos desafios, entendendo que a vida é um constante aprendizado que, por sua vez, demanda uma mentalidade resiliente, consistente, persistente, congruente e aberta ao crescimento. Cada obstáculo é uma oportunidade disfarçada, e você aprenderá a identificá-los e a traçar planos de ação focados em superá-los.

Traremos ainda, histórias de empreendedoras que enfrentaram adversidades e saíram fortalecidas.

Narrativas que te inspirarão e demonstrarão aquilo, que gosto de chamar de "grupo da *ência*": começando pela resiliência, passando pela consistência, persistência e congruência. Trata-se de qualidades poderosas na jornada de qualquer mulher, 100% presente na vida das que atingem o sucesso.

Por fim, nossa jornada não termina quando a última página for virada. No encerramento desta obra, refletiremos sobre tudo o que foi aprendido e discutiremos como manter o foco e a motivação. O aprendizado é um ciclo contínuo, e quero que você se sinta parte de uma comunidade vibrante de mulheres poderosas que, ao redor do mundo, se apoiam e celebram mutuamente suas conquistas.

Abrace essa jornada, e que ela te conduza a um futuro brilhante e repleto de conquistas.

Com carinho e gratidão,

Michele Bouvier Sollack,
uma mulher rica de propósito,
não por um acaso.

DEDICATÓRIA

Escrever este livro foi uma jornada de autodescoberta e, principalmente, de autoafirmação sobre quem é a verdadeira Michele. Qual a minha missão e valores de contribuição neste plano da vida, e qual o motivo da minha passagem por aqui. Trata-se de uma descoberta incrível e potente, que não poderia guardar só para mim. Trago agora, nas linhas a seguir, com grandes pedaços do meu coração e de uma grandiosa e belíssima construção de legado e propósito que, por muitos anos, ficou guardada dentro de mim, como um projeto que não sabia exatamente como começar.

Agora, ao finalmente dar vida a essas palavras, sinto que cumpro uma missão que transcende a minha história pessoal. É um chamado profundo, que só se tornou claro com o tempo, a experiência e, principalmente, com a ajuda de algumas pessoas e ferramentas para compreender que não somos e não fazemos nada sozinhos. Você pode até ser o escolhido, mas sempre precisará de uma base e uma mão que te pegue e diga: "Vamos por aqui" ou: "Vá por ali". Não é o meu caminho, mas é o seu. Isso é sobre investir nas companhias certas, para onde você quer ir e com quem precisa estar.

Dedico esta obra aos meus filhos, Sophia, Matheus e Raphael, na ordem cronológica do nascimento e da minha verdadeira versão. A partir deste momento, nascemos juntos. Este livro é para vocês. Agradeço profundamente pelo amor, pela inspiração e pelo exemplo de força que vocês são em minha vida. Desde sempre lutamos incansavelmente pela vida, pela existência, pela continuação e pela persistência em superar a nós mesmos a cada dia.

Lembro-me claramente dos quase 70 dias de hospitalização desde a gestação até o nascimento de vocês, eu pedia desculpas caso um de nós não conseguisse chegar ao fim da jornada que todos nós desejávamos: a de nos conhecermos. Sabia que teria a responsabilidade de cuidar daqueles que permanecessem, ou de me despedir sem poder fazer nada. Como isso me fez crescer, no silêncio da dor, do medo, da incapacidade de fazer mais do que eu já estava fazendo. Tivemos medo, choramos, deixamos transparecer ou escondemos isso, mas, na hora certa, sempre compartilhamos, e isso engrandece meu coração e meu legado. Filhos, sei que estou formando vocês para serem pessoas melhores que muitas encontradas por aqui. Jamais se afastem do poder da gratidão, do olhar caridoso por aqueles que não sabem, ou que usam o seu saber para o mal. A superioridade está em ter clareza dos seus valores inegociáveis, especificamente daqueles que jamais te permitem ferir os que lhe são caros e importantes, começando por vocês. Espero ensinar os melhores valores enquanto juntos estivermos.

Ao meu companheiro nesta jornada – pai dos meus filhos – que, assim como eu, é incansável naquilo que quer e deseja, agradeço pelo apoio, pelas parcerias e pelos votos de confiança que depositou em mim. Seguimos juntos, nossos laços são indissolúveis.

Aos meus pais, que, com todas as suas dificuldades e limitações, me deram a base da vida, com as ferramentas e capacidades que tinham, esforçando-se nos primeiros anos da minha existência para que eu pudesse hoje estar aqui, devolvendo ao universo tudo aquilo que aprendi. Sempre me ensinaram que o amor e a honestidade são as maiores riquezas que podemos oferecer. Gratidão.

Aos meus poucos, mas valiosos amigos, que sempre estiveram ao meu lado, que cresceram e evoluíram comigo. Com vocês, compartilho momentos de verdadeira amizade e apoio. Mesmo afastados por meses ou anos de forma presencial, quando nos encontramos, a identificação e troca é tão forte e verdadeira que parece que acordamos juntos todos os dias. Eu não tenho palavras para agradecer a confiança, a força e a coragem de vocês. Tenho orgulho de quem nos tornamos. Minha eterna gratidão. O valor de vocês é inestimável e insubstituível.

À minha avó Josefina, sei que em algum lugar você está com seus pequenos olhos e sorriso sensível me observando. Te amarei eternamente.

Aos meus irmãos, sobrinhos, sogros, cunhados e familiares, que de alguma forma contribuíram para minha formação e crescimento, saibam que jamais esquecerei todo apoio e carinho.

Dedico também esta obra aos profissionais de psicologia, aos meus professores, gestores e a todos que me ensinaram com excelência técnica, embasamento científico, teórico e prático. À minha mentora e toda a equipe, que me mostrou o quanto um profissional pode ser o divisor de águas na vida de alguém.

Aos meus pacientes, clientes, alunos, ouvintes, todos que de alguma forma, com seus resultados, validam e me fazem acreditar que minha missão é levantar pessoas e contribuir para transformar vidas.

Sem vocês nada seria possível.

SUMÁRIO

PREFÁCIO

Este livro nasce de uma missão que se formou ao longo dos anos, mas que se intensificou no momento em que me tornei mãe. A responsabilidade de ensinar meus filhos sobre como se portarem diante do universo feminino, de ensiná-los sobre o respeito e a empatia pela mulher, tornou-se uma missão. Ao mesmo tempo, vejo minha filha crescer em um mundo que, ainda em 2025, descredita e desvalida mulheres. Fui movida pela necessidade de mostrá-la e orientá-la para entender que o universo não está contra ela, mas que precisa saber usar as ferramentas ao seu favor para alcançar o equilíbrio entre vida pessoal e profissional. Sim. Ainda precisamos lutar para ocupar determinados espaços, por igualdade salarial e, principalmente, para obtermos êxito financeiro, e não sermos dependentes de outros ou terceiros.

Foi assim que percebi que minha verdadeira missão é levantar mulheres. É mostrar a necessidade de entender que a vida é linda com amor, mas que os sentimentos, assim como as pessoas, mudam, e se não estabelecermos contratos sólidos e válidos, cedo ou tarde ficaremos à mercê de migalhas, muitas vezes assinadas e validadas pelo sistema, por uma constituição, por leis que ainda desfavorecem as mulheres em todos os cantos.

Esta obra nasceu para que mulheres sejam ricas de propósito, e jamais por um acaso. Para provar a elas que têm o poder de transformar a própria vida e o mundo ao seu redor. Para que reconheçam a sua autoconfiança e seu autovalor, sua capacidade de gerar bens por si só, por seu trabalho e seu conhecimento. Que compreendam que não precisam se sentir fracassadas, não precisam deixar a família ou os relacionamentos de lado para focar no aspecto material da vida. Isso também é coisa de mulher, sim. Que não sejam inimigas dos homens, que não vivam no "mimimi" da inferioridade imposta por séculos a fio, mas aprendam com eles como prosperar e se respeitar no mundo dos negócios. Que saibam dizer "não" para eles quando as limitarem, e sim para si mesmas quando sabem que seu trabalho e seus negócios são tão importantes quanto suas relações. Que saibam que trabalho e criação de casa, lar e família devem e precisam ser divididos, e que seus filhos ficarão muito bem com seus pais, seus exemplos e braço forte de amor. Elas não estão sozinhas. Elas podem, sim, conquistar o equilíbrio e o prazer entre suas múltiplas responsabilidades.

Por meio deste livro, desejo inspirar cada mulher a olhar para si mesma com humildade e orgulho, a perceber que nasceram para brilhar, para serem poderosas, e que ninguém pode tirar isso delas.

Este é o meu convite: que cada mulher descubra seu verdadeiro poder, que se aceite e se coloque como protagonista de sua própria história. Eu sei que todas têm dentro de si a capacidade de alcançar o que sempre sonharam, com coragem, fé e uma grande dose de amor-próprio.

Que este livro seja uma fonte de inspiração e um lembrete de que, quando uma mulher se une a outra, juntas elas têm o poder de transformar o mundo.

01

INTRODUÇÃO AO PODER DO AUTOCONHECIMENTO, FOCO SELETIVO E PRODUTIVIDADE ASSERTIVA

Vivemos em tempos nos quais uma enxurrada de informações nos rodeia. Entre as redes sociais, as notícias constantes e as exigências diárias, encontrar um caminho que ressoe, de fato, com nossas vontades e objetivos, pode ser um desafio colossal. É nesse contexto que o autoconhecimento se torna uma ferramenta poderosa, uma lanterna iluminando as sombras da incerteza. E é sobre isso que vamos dialogar neste capítulo.

O termo "autoconhecimento" não é apenas uma palavra da moda, mas a chave que nos permite perceber nossas emoções, reconhecer nossas habilidades e entender o que verdadeiramente queremos. Destacada por Daniel Goleman em seu famoso trabalho sobre inteligência emocional, essa capacidade é essencial não apenas para as relações pessoais, como também para a tomada de decisões em ambientes de negócios. Quando sabemos quem somos e quais são nossos valores, nossas escolhas se tornam mais coerentes e proativas. Assim, em um dos trechos de seu livro *Inteligência emocional: a teoria revolucionária que redefine o que é ser inteligente*, Goleman (1997) afirma que:

> A inteligência emocional é a capacidade de reconhecer nossos próprios sentimentos e os dos outros, de nos motivarmos e de gerenciarmos bem as emoções em nós mesmos e em nossos relacionamentos. No contexto dos negócios, essa habilidade é fundamental para líderes que buscam produtividade assertiva. Um líder com alta inteligência emocional consegue manter sua equipe engajada, reduzir conflitos e criar um ambiente de trabalho positivo, o que impacta diretamente os resultados.
> Para as mulheres no ambiente corporativo, o desenvolvimento de habilidades de inteligência emocional pode ser ainda mais crucial. As mulheres, muitas vezes, enfrentam barreiras de gênero que exigem maior resiliência emocional e habilidades interpessoais mais refinadas. Ao cultivar a empatia, a escuta ativa e a autogestão emocional, elas conseguem liderar com assertividade e conquistar seu espaço de forma autêntica e eficaz.

Observamos que o autor aborda a inteligência emocional e a produtividade nos negócios com foco em liderança e desempenho. Além disso, também menciona como essas habilidades podem ser particularmente relevantes para mulheres em ambientes de trabalho, trazendo um panorama de como a inteligência emocional se aplica à produtividade assertiva.

Para ilustrarmos essa construção de autoconhecimento e descobertas, pensemos em personagens históricos, como Marie Curie e Rosa Parks – duas mulheres icônicas que, em épocas diferentes, mudaram o rumo do mundo ao seu redor e além dele, com desafios sem precedentes.

Marie Curie (1867-1934) foi uma cientista franco-polonesa, pioneira na pesquisa sobre radioatividade, tornando-se a primeira mulher a ganhar o Prêmio Nobel e, até hoje, é a única pessoa a tê-lo recebido em duas áreas científicas diferentes (Física e Química). Suas descobertas revolucionaram o campo da ciência, abrindo caminho para novos tratamentos médicos, como a radioterapia.

Trata-se de uma mulher atuando em um campo dominado por homens, que quebrou barreiras e liderou pesquisas fundamentais, mesmo em condições adversas. Seu trabalho foi determinante para desafiar as noções tradicionais sobre o papel feminino na ciência, inspirando gerações de cientistas e abrindo espaço para que mais mulheres seguissem carreiras nas áreas STEM (Ciência, Tecnologia, Engenharia e Matemática), além de ter lecionado na Universidade de Paris (Sorbonne).

Já Rosa Parks (1913-2005) foi uma figura icônica do movimento dos direitos civis nos Estados Unidos. Sua recusa em ceder seu assento a um homem branco, em um ônibus segregado na cidade de Montgomery, no Alabama, foi catalisadora para o boicote ao sistema de transporte da cidade – um dos momentos mais importantes na luta contra a segregação racial no país.

A coragem de Parks inspirou milhares de pessoas a se unirem contra o racismo sistêmico, e ela se tornou uma das líderes do movimento. Em uma época em que mulheres, especialmente negras, enfrentavam dupla discriminação – de raça e de gênero – sua ação direta foi um marco que mostrou o poder da resistência feminina contra a injustiça. Além disso, lutou pelos direitos civis durante toda sua vida, atuando na Associação Nacional para o Progresso de Pessoas de Cor (*National Association for the Advancement of Colored People* – NAACP) e outras organizações.

Essas duas mulheres, em campos distintos, foram fundamentais para desafiar as normas de uma sociedade dominada por homens, criando novos caminhos nas ciências, nos direitos civis e na sociedade como um todo. Ambas não apenas se autoconheceram, como também impactaram profundamente a sociedade. Assim, cada uma de nós detém o potencial de gerar mudanças significativas, seja em níveis micro ou macro, ao nos conectarmos mais intimamente com nosso ser interior.

Nessa perspectiva, o reconhecimento e a aceitação da nossa verdadeira essência são passos primorosos, mas não únicos, já que os pontos fortes e os que precisam de desenvolvimento constituem a base sólida para o crescimento. Às vezes, somos os nossos maiores críticos e, ao fazermos isso, criamos barreiras, sabotadores e crenças imaginárias que nos impedem de avançar.

No entanto, em vez disso, devemos olhar para nosso interior com compaixão e curiosidade. Que tal, a partir de hoje, fazer uma lista de suas qualidades e características que mais valoriza? Essa prática simples pode iniciar a construção de uma autoestima robusta, transformando os olhares de crítica em reconhecimentos do potencial que possui.

Enquanto refletimos sobre o poder do autoconhecimento, somos levadas à ideia de foco seletivo que, assim como um farol, direciona nossas ações para onde realmente importa. Esse foco implica a habilidade de escolher em que investimos nossa energia e atenção, especialmente em um mundo que busca constantemente desviar nosso olhar.

Trago aqui o estudo "*The Impact of Commitment, Accountability, and Written Goals on Goal Achievement*", da Dra. Gail Matthews (2007), da Universidade Dominicana da Califórnia, que aponta que pessoas que escrevem seus objetivos têm 42% mais chances de alcançá-los do que aquelas que não o fazem. Além disso, a pesquisa também destaca a importância de compartilhá-los com outras pessoas, aumentando as chances de sucesso. Esse tipo de trabalho reforça a ideia de que o foco e a clareza nos objetivos, aliados à responsabilidade, podem melhorar significativamente as chances de sucesso.

Agora, imagine poder aplicar essa habilidade em seu negócio, selecionando as informações que realmente importam e eliminando os ruídos. Já se sentiu paralisada por tantas opções e informações disponíveis? A boa notícia é que há maneiras práticas de cultivar esse foco. Vamos explorar técnicas simples e práticas que te ajudarão a filtrar o que realmente deve ser sua prioridade. Cada passo dado com intenção pode impulsionar seu crescimento pessoal e profissional.

Enquanto nos prepararmos para essa jornada, vai um convite. Pergunte-se com frequência: "O que realmente importa para mim? Quais são minhas verdadeiras paixões e valores? Quais pontos realmente quero desenvolver em minha vida?". Ao responder a esses questionamentos, você estará não apenas se conhecendo, mas também se permitindo crescer e brilhar de forma autêntica.

Reforço que a promessa deste livro é guiá-la nessa transformação em oito semanas, por meio de práticas que unem autoconhecimento e foco seletivo, pavimentando o caminho não apenas para um negócio próspero, mas para uma vida rica de propósito e significado.

Dê o próximo passo em sua jornada, ambicionando mais do que apenas sucesso – busque um propósito que ressoe com quem você realmente é.

Assim, é importante ainda reconhecer que o foco seletivo é, sem dúvida, uma habilidade que vai além da simples concentração. É o ato deliberado de averiguar as distrações que ameaçam nossos sonhos e objetivos, decidindo o que realmente merece atenção.

Quando falamos em empreender, isso se torna ainda mais crucial. Muitas vezes, as mulheres se encontram navegando em mares de responsabilidades – sejam familiares, profissionais ou sociais – que podem, rapidamente, desviar o foco do que é essencial para o seu crescimento pessoal e profissional e levá-las ao foco do emergencial. O famoso "apagar incêndios" pela sobrevivência, e não pela vivência do que se deseja.

Quantas vezes você já se sentiu sobrecarregada por informações contraditórias, conselhos dispensáveis ou, até mesmo, expectativas alheias?

A verdade é que é fácil se perder nesse mar de influências. É como estar em uma sala cheia de músicas tocando simultaneamente; em que cada nota tenta chamar sua atenção, mas nenhuma transmite o que você realmente deseja ouvir. Para navegar com eficácia, o primeiro passo é aprender a silenciar o que traz confusão. E é exatamente aí que entra o foco seletivo, permitindo a escolha das melodias que orientarão sua dança pela vida.

Agora, imagine uma mulher empreendedora, como você, decidida a lançar seu negócio. Às vezes, a ansiedade pode ser paralisante, especialmente quando todas as "possibilidades" estão à vista. Nesse momento, o que muitos não percebem é que o bom foco não se relaciona apenas com trabalhar mais; mas de forma inteligente, identificando quais aspectos do negócio realmente vão proporcionar o maior impacto para concentrar sua energia, em vez de dispersá-la em demandas que não trazem resultados significativos.

É relevante mencionar, a essa altura, o estudo *"Why Start-ups Fail"*, publicado na *Harvard Business Review* em 2021, o qual revela que a concentração em uma menor quantidade de projetos, com maior atenção e dedicação, aumenta consideravelmente a taxa de sucesso de novos empreendimentos. Nesse viés, empreendedores que se dedicam a poucas iniciativas são mais capazes de monitorar o progresso, ajustar estratégias rapidamente e gerenciar melhor os recursos. Essa abordagem resulta em maior eficácia e melhores resultados, reduzindo os erros e maximizando o uso do tempo e da energia. Ou seja, alternativas e opções são palpáveis, mas é preciso escolher uma, ou poucas, e agir.

Durante este caminho, pode surgir a tentação de se distrair com "brilhantes" oportunidades que, na realidade, não acrescentam valor à sua jornada. Perguntas incisivas serão suas aliadas aqui, como: "Isso se alinha com meus objetivos?" ou "Esse projeto representa, de fato, um passo em direção ao que eu realmente desejo?". Levar essa prática para o seu dia a dia pode trazer à tona o que é verdadeiramente relevante.

Técnicas e ferramentas de calibração

Matriz de Eisenhower

Podemos, então, explorar ferramentas que permitem essa calibração, iniciando por técnicas como a Matriz de Eisenhower, que categoriza tarefas em urgentes e importantes. Essa ferramenta não apenas ajuda a visualizar o que é prioritário, como também amplia a capacidade de decidir. Ao separar o que realmente requer atenção e o que pode esperar ou, até mesmo, ser descartado, nos tornamos verdadeiras artistas de nosso tempo, desenhando cada dia para que reflita a vida que desejamos viver.

Trago aqui uma ilustração de exemplos de como se pode utilizar essa ferramenta para melhorar seu desempenho e equilibrar suas ações, a fim de obter resultados que realmente podem fazer a diferença em seus negócios ou vida pessoal.

	URGENTE	**NÃO URGENTE**
IMPORTANTE	*QUADRANTE I* Importante e urgente (faça agora)	*QUADRANTE II* Importante, não urgente (agende)
NÃO IMPORTANTE	*QUADRANTE III* Não importante, urgente (delegue)	*QUADRANTE IV* Não importante, não urgente (elimine)

Fonte: Adaptado de Covey (1989).

Observa-se que a Matriz de Eisenhower é utilizada com a finalidade de priorizar tarefas com base em sua urgência e importância, dividindo-as em quatro quadrantes:

1. **Importante e urgente (faça agora):** tarefas que são críticas e precisam ser feitas imediatamente.
2. **Importante, mas não urgente (agende):** tarefas que são importantes, mas podem ser programadas para mais tarde.
3. **Não importante, mas urgente (delegue):** tarefas que são urgentes, mas não são fundamentais e podem ser delegadas.
4. **Não importante e não urgente (elimine):** tarefas que não contribuem para o objetivo e podem ser eliminadas.

Aqui está também um roteiro que pode ser inserido na sua agenda, diário, caderno de anotações, ou da forma como preferir:

Exercício de aplicação

1. Liste todas as suas tarefas em um papel.
2. Classifique cada tarefa em um dos quatro quadrantes da Matriz de Eisenhower.
3. Priorize suas atividades com base no quadrante em que elas se encontram.

Pronto! Agora que temos visualmente o que, de fato, é prioridade ou não, torna-se possível recalcular e reescrever, com base nas nossas necessidades e verdades, como nos vemos ou queremos nos ver, dentro dos negócios ou vida pessoal. Trata-se de uma ferramenta de relevância na construção ou melhoria da jornada.

Além disso, ao longo deste livro, trarei exercícios práticos capazes de nos guiar em cada passo da jornada. A ideia é criar uma rotina de autoavaliação e deposição de intenções. A prática regular não apenas desenvolve o foco, mas também cria um ciclo de responsabilidade pessoal e proatividade.

Quando começamos a observar e a filtrar o que realmente importa, acabamos por cultivar um ambiente em que a produtividade acontece de forma assertiva e com entrega de resultados eficientes.

Mergulhe fundo no universo do autoconhecimento e foco seletivo. Tenha em mente que estabelecer uma base sólida para as decisões irá moldar não apenas o sucesso de seus empreendimentos como também a realização de um propósito que ecoa em sua alma. Manter-se fiel a isso permitirá a construção não somente de um negócio próspero, mas de uma vida totalmente alinhada com sua essência, em que cada dia é uma nova oportunidade de brilhar, de se superar e de transformar sua visão em realidade.

Diário/Journaling

Avancemos juntas nessa jornada, explorando de que maneira o autoconhecimento pode potencializar suas habilidades e como o foco seletivo pode abrir portas para novas oportunidades, quebrando as correntes que muitas vezes nos mantêm presas em padrões de inércia.

Agora você está aceitando um convite emocionante e especial, que vai muito além de uma simples promessa. Este convite é para que você comece a desconstruir crenças limitantes que, muitas vezes, fazemos questão de alimentar, tornando-as parte de nossa narrativa cotidiana. Desde o "eu não consigo" até o "isso não é para mim". É hora de reescrever essa história.

Respire profundamente, feche os olhos e concentre-se em cada inspiração e expiração. Sinta a diferença que pode existir entre a agitação interna e a serenidade que se abre dentro de você nesse processo. Este momento de pausa vai ajudá-la a perceber que muitos dos medos e ansiedades que carrega são construções mentais que podem ser desfeitas.

Ainda nesse espaço de autoanálise e renovação, pergunte-se: "Quais são meus verdadeiros desejos? O que me faz vibrar e querer vencer todos os obstáculos?". Muitas vezes, as respostas estão em detalhes cotidianos, então, preste atenção a eles.

Uma recomendação prática que trago a você é a de que mantenha um diário no qual escreverá, mesmo que brevemente, suas descobertas a respeito de si mesma e de suas emoções. Escrever traz clareza e, como observado por muitos psicólogos, tem efeitos profundos sobre o bem-estar.

Ao permitir que seus pensamentos ganhem vida no papel, você se tornará capaz de olhá-los com mais distanciamento, reconhecendo padrões que antes passavam despercebidos. Também perceberá que falamos sobre isso de maneiras diferentes, em exercícios distintos, e certamente fortalecerá cada vez mais seu lado positivo e o desejo de ser rica de propósito, e não por um acaso.

Vision board

Passando à nossa próxima ferramenta, iremos explorar o poder do *vision board*, ou painel de visualização, que é a criação de uma representação visual dos seus sonhos e objetivos, colando imagens e palavras que refletem exatamente aquilo que deseja alcançar. A prática não é apenas decorativa, mas serve como um lembrete constante de onde você quer chegar e do que realmente importa. Destaco que a neurociência comprova que, quando focamos em imagens que ressoam com nosso desejo interior, aumentamos significativamente as chances de materializar esses sonhos. Observe um exemplo dessa ferramenta.

Fonte: A autora.

Por meio dessa ilustração, constatamos que se trata de uma combinação de imagens e palavras inspiradoras capazes de refletir sucesso, felicidade, viagens e conquistas pessoais.

REDE DE APOIO

Finalmente, como não poderia faltar nesta abordagem, falaremos sobre a importância de cercar-se de pessoas que te inspiram e contribuem para o seu crescimento. Esse item é pautado na percepção de que as relações que cultivamos têm impacto direto sobre nossa motivação e ambição.

Se você convive com pessoas que também buscam o autoconhecimento, o aumento de seus resultados financeiros, o equilíbrio de suas relações e vida pessoal, o resultado é uma troca enriquecedora que não apenas alimenta seus objetivos, mas os potencializa.

No entanto, não se limite a palavras bonitas; busque agir. Proponha-se a ter conversas profundas e significativas. Crie redes de apoio e conexão que vão além das superficialidades do cotidiano.

Tenha em mente que a jornada do autoconhecimento é só sua, mas proponho que não a percorra sozinha. Juntas, embarcamos em um caminho que trará à tona não apenas quem você é, mas quem pode se tornar. É tempo de investir em si mesma de maneira intencional e constante.

Você já está pronta para isso? A resposta está em seu interior, pronta para emergir e transformá-la em uma mulher rica de propósito, porque você deseja, constrói, trabalha por isso, não é por um acaso. Cada vitória, cada detalhe, é merecido. Saboreie tudo o que conquistar, comemore, agradeça e siga para o próximo passo, sempre em movimento.

INVENTÁRIO

Feche os olhos por um momento. Imagine-se em um espaço seguro, longe das pressões e expectativas externas. Respire fundo. Ao expirar, permita-se questionar: "Quais são minhas soluções? O que eu posso fazer para não continuar no estado negativo em que me encontro? O que eu tenho que não estou enxergando que pode iniciar a mudança deste cenário? O que realmente desejo para minha vida de um modo geral?".

Seja realista. Olhe, escute, sinta com muita calma. Repita isso quantas vezes forem necessárias, sem pressão, e irá descobrir coisas incríveis que estão em suas mãos. Esse simples ato de perguntar a si mesma pode iniciar um desdobramento de novas respostas e insights, trazendo à tona desejos e soluções que se perderam ao longo do caminho com as dificuldades encontradas.

Para facilitar essa busca, recomendo que faça um inventário de suas emoções mais profundas. Pergunte-se: "Quando me sinto mais viva? O que me traria alegria e propósito?". Registrar essas respostas em um diário, caderno, agenda, em seu celular, pode servir como um guia precioso para identificar padrões que iluminam quem você realmente é.

As histórias que nós contamos também merecem atenção cuidadosa. Frequentemente, repetimos narrativas que não nos servem mais, como um vestido que não nos cabe. É hora de experimentar novas narrativas. Que tal inverter o "eu não posso" para "eu posso"? Ao fazê-lo, começará a reescrever sua história de maneira poderosa. E lembre-se: a comparação com outras pessoas é inimiga do autoconhecimento; cada uma de nós caminha em um ritmo único, e essa diversidade é o que torna a jornada tão rica.

Aplicação prática

Agora, enquanto seguimos em frente, que tal começar a aplicar o foco seletivo na prática? Escolha uma área da sua vida na qual sinta que precisa de clareza e concentre suas intenções ali. Será que é realizar um projeto adiado, ou, talvez, dedicar mais tempo para cultivar um relacionamento que é importante para você? Esse foco direcionado pode abrir portas que pareciam trancadas e, ao adotar essa prática, descobrirá que o mundo ao seu redor começa a se moldar às novas intenções trazidas.

A partir de então, você começará a agir com mais assertividade, parando de se desrespeitar de forma inconsciente, achando que quanto mais trabalhar, maior a chance de ganhar mais, quando, na verdade, é o oposto. Ou seja, quanto mais você selecionar seu foco, mais produtividade assertiva terá – com mais trabalho e energia focados em um único local ou produto. Por consequência, mais conhecerá seu produto e, assim, maiores as chances de resultados e de retorno positivo em seu negócio.

Além das práticas que trago aqui, quero também que identifique e se cerque de pessoas que ressoam com sua nova abordagem. O ambiente em que estamos inseridos traz significativas influências no nosso crescimento. Investigue seus relacionamentos. Muitas vezes, a energia que nos cerca pode ser tão construtiva quanto o próprio autoconhecimento.

Tendo dado cada passo de modo aliado ao foco seletivo e ao apoio da comunidade, acessaremos não apenas quem somos, mas também tudo o que podemos nos tornar, levando à produtividade assertiva e aos resultados desejados.

Este é um livro de conexão, de transformação e, acima de tudo, da descoberta de que somos ricas em potencial, construção, propósito e resultados. Vamos juntas, em busca de tudo aquilo que está esperançosamente à nossa espera!

02

A ARTE DA AUTOANÁLISE E DA DEFINIÇÃO DE OBJETIVOS

Entender quem somos, muitas vezes, pode parecer uma tarefa monumental, e a autoanálise é a primeira chave para abrir essa porta ao autoconhecimento. Mas, afinal, o que é a autoanálise? Em termos simples, é um olhar honesto e profundo para dentro de nós mesmos, um exercício de reflexão que traz à tona nossas emoções, medos, talentos e desejos mais profundos. É uma prática essencial que permite à mulher moderna compreender seu próprio valor em um mundo no qual as vozes externas podem ser ensurdecedoras.

Para iniciar essa jornada interna, algumas ferramentas práticas podem facilitar a autoanálise. Testes de personalidade, por exemplo, são recursos poderosos voltados à identificação de traços dominantes e áreas a serem desenvolvidas. Já ferramentas como a descoberta de seus avatares e arquétipos não são condutores fidedignos de quem você é, mas oferecem uma base muito arraigada de como deseja ser, ou de como se enxerga.

Acredito que ferramentas adequadamente aplicadas por profissionais capacitados ou amparados por estudos e análises sólidas, geram resultados congruentes. Veja bem, não citamos milagres, pelo contrário, falamos sobre construções, e toda construção exige trabalho, análise e cálculo. Assim, atenção e foco seletivo te darão a clareza necessária para a produtividade assertiva, indicando quais passos precisam ser tomados para tornar-se, de fato, quem você enxerga em seu interior e que ninguém mais vê.

Então, mãos à obra. É a hora de construirmos essa empresária de sucesso, mulher realizada com o que tem, com o que construiu até aqui, e com o que visualiza no seu futuro. Mostre-se a todos sem medo, segura de si, externalizando aquilo que doa a si mesma. Nunca por alguém; sempre por nós, para alguém. São escolhas.

Trago aqui um aspecto vital da autoanálise, que é a avaliação contínua de nossas ações e decisões. Parar para pensar sobre o que funciona e o que não funciona em nossas vidas pode ser libertador. Imagine-se fazendo isso: a cada final de semana, reserve um momento especial para refletir sobre a semana que passou. Pergunte-se: “O que aprendi? Como essa experiência me moldou?”. Essa prática não apenas ilumina a jornada, mas orienta nossos passos futuros.

Desse modo, temos histórias inspiradoras de mulheres que transformaram suas vidas por meio da autoanálise. Pense em figuras como Oprah Winfrey, que superou adversidades inumeráveis e usou sua voz para empoderar figuras femininas, tornando-se uma das pessoas mais icônicas e influentes do mundo, especialmente para mulheres de sucesso.

A importância de Oprah reside na forma como venceu obstáculos e quebrou barreiras para se tornar uma poderosa voz na mídia, empresária bilionária e filantropa. Além disso, ela se destaca como um símbolo de resiliência, autenticidade e empoderamento feminino, servindo de inspiração para milhões de mulheres que buscam sucesso profissional aliado ao desenvolvimento pessoal e impacto social.

Nascida em circunstâncias extremamente difíceis, enfrentou a pobreza, o abuso sexual na infância e uma juventude marcada por desafios. Criada em uma área rural no Mississipi, teve uma infância cheia de adversidades, mas sempre demonstrou interesse por leitura e comunicação. Aos 19 anos, começou a trabalhar em uma estação de rádio local, o que marcou o início de sua jornada na mídia.

A principal motivação de Oprah para se tornar uma mulher poderosa e influente foi o desejo de usar sua própria experiência de vida para inspirar os outros e criar espaços de diálogo e cura. Ao longo de sua carreira como apresentadora do programa *The Oprah Winfrey Show*, discutiu temas importantes como igualdade, espiritualidade, empoderamento e resiliência emocional. Assim, deu voz a questões que muitas vezes eram negligenciadas na sociedade, especialmente para mulheres.

Além de sua contribuição na mídia, também é uma empreendedora de sucesso, tendo criado a Harpo Productions e se tornado uma das poucas mulheres bilionárias autodidatas do mundo. Seu legado é vasto, abrangendo o incentivo à leitura por meio do seu *Oprah's Book Club*, suas ações filantrópicas e seu papel como uma das líderes na luta por igualdade e justiça social. Para mulheres em busca de sucesso, representa a capacidade de transcender as circunstâncias mais difíceis e construir uma vida de propósito, impacto e prosperidade.

Isso posto, outro exercício que pode ser profundamente transformador é a elaboração de uma lista das qualidades e características, como o Diário de Autoapreciação, que incentiva as pessoas a refletirem profundamente sobre o que mais valorizam em si mesmas, reconhecendo qualidades e características de grande valor. Aqui está um exemplo de como o exercício pode ser estruturado:

1. **Nome da ferramenta:** Diário de Autoapreciação.
2. **Objetivo:** refletir sobre as qualidades e características pessoais mais valorizadas em si, promovendo autoconhecimento e autoestima.

Instruções:

» **Passo 1:** encontre um momento para refletir.

» **Passo 2:** escreva três qualidades ou características que reconhece como valiosas em si mesma. Seja específica e pense em como esses itens impactam sua vida ou a vida de outros.

» **Passo 3:** para cada qualidade, escreva um exemplo recente de como utilizou essa característica a seu favor ou para ajudar outra pessoa.

Exemplo de modelo:

» **Qualidade 1:** resiliência.

Exemplo: "em um momento difícil no meu trabalho, continuei me esforçando, superando os desafios sem desistir."

» **Qualidade 2:** empatia.

Exemplo: "escutei atentamente minha amiga quando ela estava passando por problemas pessoais, oferecendo apoio sem julgar."

» **Qualidade 3:** criatividade.

Exemplo: "durante um projeto recente, encontrei uma solução inovadora para um problema que parecia sem saída."

Reflexão final:

Escreva uma pequena frase afirmativa sobre como essas qualidades moldam quem você é.

Por exemplo:

> "Eu sou uma pessoa resiliente, empática e criativa, e isso me ajuda a lidar com desafios e a contribuir positivamente com os outros."

Trago ainda o exemplo de construção de um Diário de Autoapreciação que pode ser usado para refletir e valorizar suas conquistas cotidianas e qualidades pessoais:

"6 de outubro de 2024

Hoje, eu aprecio:

1. **Minha determinação:** consegui avançar em um projeto importante no trabalho, mesmo enfrentando desafios. Isso me lembrou como sou resiliente e capaz de encontrar soluções.
2. **Minha generosidade:** tirei um tempo para ajudar uma colega que estava com dificuldades em um problema pessoal. Percebo o quanto me importo com o bem-estar das pessoas ao meu redor.
3. **Minha criatividade:** hoje tive uma ideia inovadora para melhorar um processo na minha empresa. Minha capacidade de pensar fora da caixa é um dos meus maiores trunfos.

Conquistas do dia:

» Finalizei a primeira etapa de um projeto importante.

» Reservei tempo para minha saúde mental, praticando meditação pela manhã.

» Resolvi uma questão complicada no trabalho com calma e foco.

Gratidão:

Hoje, sou grata pelo apoio da minha equipe e pelo tempo que consegui reservar para me cuidar. Agradeço também por ter a oportunidade de crescer constantemente.

Reflexão:

Estou orgulhosa do quanto evoluí como líder e como pessoa. Sinto que estou me aproximando cada vez mais dos meus objetivos e reconheço o valor das pequenas vitórias diárias."

Como observado, esse tipo de ferramenta é simples, mas poderosa, pois reforça o autovalor e promove uma mentalidade positiva e afirmativa de nossos valores, algo a sempre ser lembrado e reconhecido nas horas difíceis em que as crenças limitantes e depreciativas se fizerem presentes. Quanto mais fortalecido é o seu autoconhecimento, menos impacto negativo suas crenças limitantes terão.

Agora, conversaremos sobre como transformar essa nova percepção de nós mesmas, em objetivos claros e significativos, começando por estabelecer metas – uma habilidade que muitas vezes é negligenciada, mas que tem o potencial de criar um impacto duradouro em nossas vidas.

Aqui entra o conceito de *SMART Goals* – metas que são específicas, mensuráveis, atingíveis, relevantes e temporais. Esse método não é apenas uma técnica; trata-se de uma bíblia para todas as mulheres que pretendem empreender e avançar em suas vidas. Criado por George T. Doran, consultor de negócios e executivo, o conceito foi apresentado em um artigo de 1981 chamado "*There's a S.M.A.R.T. way to write management's goals and objectives*".

Embora Doran tenha sido o pioneiro, o método evoluiu ao longo do tempo, sendo adaptado e popularizado por vários outros profissionais e organizações, até se tornar amplamente utilizado em áreas como gestão de negócios, desenvolvimento pessoal e planejamento estratégico.

Assim, o acrônimo SMART surgiu como ferramenta para ajudar gestores a estabelecer metas claras e eficazes, garantindo objetivos específicos, mensuráveis, atingíveis, relevantes e temporais. Trago aqui o gráfico que ilustra os principais elementos do *SMART Goals* (Metas SMART) para mulheres empreendedoras, com foco nas áreas em questão. Da esquerda para a direita tem-se: Específico (*Specific*); Mensurável (*Measurable*); Atingíveis (*Achievable*); Relevante (*Relevant*); e Temporais (*Time-bound*).

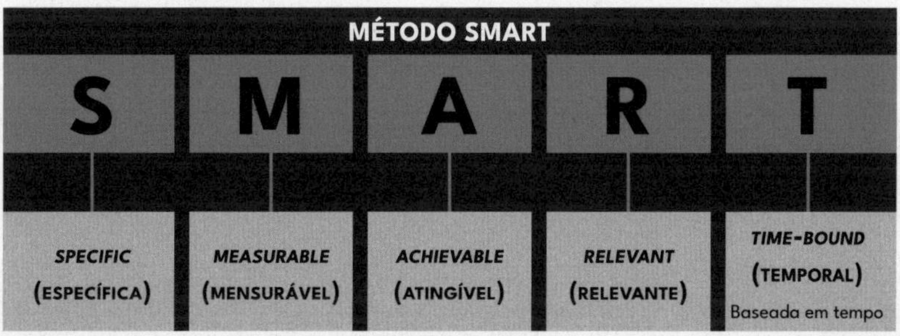

Fonte: A autora.

Observe agora um exemplo resumido de exercício *SMART Goals*:

1. ***Specific* (Específico):** defina um objetivo claro e detalhado.
   Exemplo: "aumentar o faturamento mensal em 20% nos próximos três meses".
2. ***Measurable* (Mensurável):** estabeleça como medir o progresso.
   Exemplo: "monitorar o faturamento semanalmente e calcular o percentual de aumento".
3. ***Achievable* (Atingível):** certifique-se de que o objetivo é possível.

Exemplo: "atingir esse aumento com base em uma nova estratégia de marketing digital".

4. ***Relevant* (Relevante):** verifique se o objetivo está alinhado com suas metas de longo prazo.
Exemplo: "esse aumento de faturamento está alinhado com a meta de expandir o negócio".

5. ***Time-bound* (Temporal):** defina um prazo claro.
Exemplo: "conquistar esse aumento até o final do trimestre".

Trata-se de um exercício útil para garantir que as metas sejam bem definidas e viáveis, promovendo resultados positivos tanto nos negócios quanto na vida pessoal. Já a compreensão sobre a diferença entre metas de curto e longo prazo nos ajuda a visualizar o que realmente nos motiva. Afinal, cada pequena conquista nos propulsiona mais para perto de nossos sonhos.

Com um objetivo em mente, fica mais fácil identificar o que precisa ser feito hoje ou esta semana para alcançar aquilo que almejamos em cinco ou dez anos. O sucesso é, essencialmente, a soma de pequenos esforços repetidos dia após dia. Prepare-se para mudar e ver sua vida se desdobrar de modo que nunca imaginou ser possível.

Destaco também que a definição de objetivos é outra etapa crucial na jornada de autoconhecimento e crescimento pessoal. Agora que você já começou a se conhecer melhor, é hora de transformar esse entendimento em ações concretas por meio de metas que realmente tragam sentido e alegria para sua vida.

Comece pensando nas suas experiências mais profundas e nas emoções que elas despertam. Questione-se: "O que realmente faz meu coração vibrar? Quais são os meus valores mais importantes?". Essas questões são fundamentais, pois, ao identificar o que significa para você uma vida plena, fica mais fácil traçar objetivos que reflitam essa essência, objetivos que não sejam apenas metas arbitrárias, mas sim expressões autênticas do que você valoriza.

Vamos fazer um exercício prático: pegue um papel e divida-o em duas colunas. Na primeira, escreva suas cinco maiores realizações até agora, e a que valor cada uma delas se alinha. Na segunda, elenque os seus principais valores. Depois analise: existe alguma conexão entre as suas realizações e seus valores? Isso pode ajudar a reforçar a certeza de que seus objetivos estão na direção certa.

Lembre-se do *Vision board*, você o fez! Se ainda não, estou dando-lhe mais uma oportunidade de criá-lo. Cole-o na porta de seu armário, acima de sua mesa de escritório, trabalho, estudos, ou em algum lugar onde você visualizará constantemente.

Além disso, ao definir suas metas, lembre-se da diferença entre as de curto e longo prazo, você também já aprendeu isso no capítulo anterior. Enquanto seus objetivos maiores levam tempo e planejamento, é importante criar pequenas metas que funcionem como marcos ao longo do caminho. Cada pequena conquista adiciona combustível à sua motivação e impulsiona seu progresso. Se o seu sonho é abrir um negócio, por exemplo, que tal começar com o propósito de pesquisar sobre o mercado local? Ou talvez definir um prazo para entrar em contato com potenciais parceiros?

A estrutura SMART serve como um guia e traz clareza para suas intenções. Assegure-se de que suas metas sejam específicas; em vez de "quero ser bem-sucedida", reformule para "quero conquistar um aumento de 20% em minhas vendas em seis meses". Mensuráveis, que permitam monitorar seu progresso: "Eu vou encontrar três novos clientes por mês". Atingíveis, realistas e desafiadoras ao mesmo tempo: "Eu planejo participar de um curso de vendas para aprimorar minhas habilidades". Relevantes, alinhadas com sua essência: "Meu trabalho deve impactar positivamente a vida das pessoas". E temporais, dando prazos que criam senso de urgência: "Quero atingir esses resultados até o final do próximo trimestre".

Enquanto define seus objetivos, envolva-se com pessoas com as quais possa compartilhar das mesmas paixões. Construir uma rede de apoio é fundamental para o sucesso. Converse com amigos, colegas ou mentores e compartilhe seus intuitos mais íntimos. Ter alguém que acredita em você pode ser um fator de motivação extraordinário.

Com cada meta bem definida, comece a traçar um plano de ação. Pergunte-se: "Quais passos são necessários para atingir esse objetivo? O que posso fazer hoje?". Registre cada pequeno esforço feito; eles, somados, levarão você longe. Transformar sonhos em realidade vai requerer persistência. Ser realista sobre os obstáculos que pode encontrar é vital – esteja preparada, vista-se com coragem e congruência e siga adiante.

Esta jornada de autodescoberta e definição de objetivos é só o começo. Conforme você avança, celebre as pequenas vitórias. Cada conquista é importante e deve ser reconhecida. Afinal, você estará cada vez mais próxima de realizar seus objetivos, enquanto fortalece a conexão com sua essência.

E lembre-se: você está desenhando sua própria vida, traçando seu caminho. Esta é uma oportunidade única de viver de acordo com seu propósito, e cada passo dado é um passo em direção à realização pessoal e profissional. Mantenha o foco, siga seu coração e suas ações falarão mais alto do que palavras. À medida que você progride, sua jornada se tornará ainda mais clara e gratificante.

Superar crenças limitantes é um passo essencial para que possamos alcançar nossos objetivos e realizar nossos sonhos.

Muitas vezes, elas estão tão arraigadas em nós que mal percebemos o quanto nos restringem, moldando nossa percepção do que é possível.

Afinal, o que são essas crenças limitantes? Trata-se de convicções que adquirimos ao longo da vida, que nos dizem que ser bem-sucedida ou feliz é algo que não merece a nossa atenção ou, pior ainda, que não é para nós. Pense em algo que você gostaria de alcançar, mas hesitou. O que a sua mente lhe disse a respeito disso? Essas vozes internas podem ser maquiavélicas, mas desvencilhar-se delas é possível.

Para dar o primeiro passo, é importante identificar tais crenças. Para tanto, reserve um momento para refletir sobre quais pensamentos mais frequentes vêm à mente ao pensar em seus objetivos, leve para sua sessão de psicoterapia, discuta sobre aquilo que diariamente te limita a progredir e avançar em seus objetivos e sonhos. Pode ser algo como: "Eu não sou boa o suficiente" ou "Não tenho tempo para isso". Anote essas frases. Esse exercício é um grande convite para o autoconhecimento, e quando você coloca em palavras esses padrões negativos, dá o primeiro passo para desmontá-los.

Uma técnica poderosa que pode ajudá-la nesse processo é das afirmações positivas. Não se trata apenas de uma forma de motivação; mas uma maneira de reprogramar seu cérebro para substituir os pensamentos negativos por declarações encorajadoras. Crie uma lista com afirmações que refletem suas intenções e as repita diariamente. Frases como: "Eu sou capaz de alcançar meus objetivos", "Eu trabalho sério para atingir resultados positivos" ou "Eu mereço sucesso e felicidade" podem parecer simples, mas sua repetição ajuda a reconfigurar a sua mentalidade ao longo do tempo.

A visualização também é outra técnica eficaz. Dedique alguns minutos do seu dia para imaginar que já alcançou seus objetivos. Como você se sentiria? O que você estaria fazendo? Essa prática não apenas melhora sua motivação, mas também reforça o seu subconsciente a acreditar que suas metas são possíveis.

Trago ainda, como grande fonte de motivação, a possibilidade de aprender com histórias inspiradoras de outras mulheres que enfrentaram suas crenças limitantes. Pense em pessoas como J. K. Rowling, que, após enfrentar um mar de rejeições, persistiu até conseguir publicar *Harry Potter*. Sua história nos lembra de que todo limite pode ser superado, e que a resiliência, muitas vezes, carrega consigo o secreto caminho para o sucesso.

Rowling enfrentou uma trajetória de superação impressionante antes de alcançar o sucesso com essa obra. Em meados de 1990, estava em uma fase difícil de sua vida: recém-divorciada, criando sua filha como mãe solo e vivendo com apoio de benefícios sociais na Escócia. Durante esse período, começou a escrever a história de *Harry Potter* em cafés locais, enquanto lidava com a depressão e as dificuldades financeiras.

O manuscrito de *Harry Potter e a Pedra Filosofal* foi rejeitado por 12 editoras antes de ser aceito pela pequena Bloomsbury. Durante esse processo, a escritora ouviu de muitos agentes que o livro era "muito longo" e "não comercial". Mesmo assim, persistiu, revisou o texto e continuou a tentar, acreditando no potencial da história.

Quando finalmente sua obra foi publicada, em 1997, passou a ganhar reconhecimento e premiações. À medida que a série crescia em popularidade, Rowling se tornava uma das autoras mais bem-sucedidas do mundo, passando de uma situação de dificuldade para uma posição de grande riqueza e reconhecimento global. Sua história é muitas vezes citada como exemplo de resiliência e perseverança, destacando a importância de acreditar em seu próprio trabalho e não desistir, mesmo diante de repetidos "nãos".

Então, esteja atenta às suas crenças limitantes como se fossem sombras que podem ser dissipadas com a luz do conhecimento e da autoconfiança. Permita-se sonhar e, mais importante, acredite que seus sonhos merecem ser realizados. A partir de agora, é hora de dar os primeiros passos rumo à transformação da sua vida, jogando fora o peso dessas crenças e abraçando as possibilidades infinitas que estão diante de você.

O poder da responsabilidade e do apoio mútuo não pode ser subestimado na jornada de qualquer mulher que busca alcançar seus sonhos e seu potencial. Ganha destaque, por consequência, a possibilidade do apoio por parte de uma comunidade que compartilha objetivos semelhantes, como diferencial que transforma promessas em realidade. É desafiador seguir sozinha; muitas vezes, a solidão na jornada pode se tornar um obstáculo. Portanto, é essencial criar um ecossistema de apoio que sirva como estrutura de responsabilidade e incentivo.

Agora, imagine que você está em um grupo em que todas as participantes estão comprometidas a trabalhar por seus objetivos. O ambiente é permeado por encorajamento e motivação. Ao compartilhar seus planos e progressos, você se torna não apenas responsável, mas também inspira as demais integrantes a se manterem firmes no caminho.

Foi esse calibre de suporte que me fez perceber, em minha própria trajetória, o quanto facilitar esse intercâmbio de experiências é vital para o crescimento de cada uma de nós. O que aprendi – e compartilho com muito empenho – é o poder que a ambiência tem de transformar seus caminhos para melhor ou pior. Tudo depende do que você vive, respira, recebe e compartilha ao longo de seus dias.

A construção de um "grupo de apoio" é uma arte. Para começar, busque por pessoas que têm interesses comuns. O primeiro passo pode ser simples, como conversar com amigas, colegas ou, até mesmo, fazer novas conexões em workshops. O que realmente importa é a disposição para compartilhar as aspirações e as dificuldades que surgem no caminho. Uma amizade genuína, que nasceu da troca de ideias e do suporte mútuo, pode se tornar um pilar na sua jornada, encorajando cada fase.

E o que seria de algo sem um plano? Discutir como criar uma rotina de encontros, seja ela semanal ou mensal, permite que todas compartilhem seus progressos. A disponibilização de um espaço para que cada mulher fale sobre as vitórias alcançadas, por menores que sejam, gera energia. Celebrar as pequenas conquistas infunde um ânimo contagiante no grupo. Trata-se não apenas de rabiscos em um quadro, mas de experiências que marcam a vida.

A tecnologia também assume papel relevante nesse cenário, um grupo de WhatsApp ou uma reunião no Zoom podem conectar mulheres ocupadas, permitindo que criem o suporte mútuo que transcende barreiras geográficas. Compartilhar recursos, dicas e sugestões só enriquece a experiência coletiva. Muitas vezes, as soluções que você busca para seu próprio negócio já foram descobertas por alguém que está ao seu lado nesse caminho.

Vemos que as histórias de transformações pessoais por meio do apoio mútuo são inspiradoras. Muitas mulheres relatam que a chave para a sua realização empoderada foi a combinação de esforço pessoal com uma boa rede de suporte. A interação e a troca têm caráter profundamente transformador, tornando as incertezas mais suaves e os desafios mais superáveis. Cada mulher no grupo não só se dedica a seus objetivos como impulsiona as outras de tal forma que a jornada individual se transforma em uma experiência coletiva memorável.

Por fim, antes de questionar os modos operantes de outra mulher, reflita e pense sobre como pode ter sido o caminho dela para chegar até onde chegou, o que vocês podem ter em comum e quantas vezes você já foi ou é questionada, avaliada, subjugada por sexos opostos e, principalmente, por iguais, e o quanto isto impacta ou poderia impactar positivamente sua construção e a busca por atingir seus objetivos. Acredite, juntas somos muito fortes, capazes de trilhar um caminho repleto de realizações e abundância!

03

EXPLORANDO O AUTOCONHECIMENTO PROFUNDO

Entrar na esfera do autoconhecimento é como mergulhar em um oceano vasto e profundo, no qual cada onda traz à tona emoções, memórias e reflexões. Para muitas de nós, é um caminho repleto de descobertas que moldam nossas vidas de maneira poderosa.

Entretanto, para seguir e crescer nesta jornada, é vital reconhecer que todas as emoções têm uma razão de ser. Cada sentimento que se evidencia é um sinal, uma mensagem que nos orienta e nos ensina. Ao levantarmos âncoras e partirmos para explorar nossa intimidade emocional, abrimos portas para compreender como essas emoções influenciam não só nossas decisões cotidianas, mas também nossos objetivos de vida.

Um ótimo primeiro passo é o estabelecimento de um diário ou manuscrito emocional. Imagine-se escrevendo suas experiências diariamente, indo além dos eventos comuns; busque detalhar como esses momentos a fazem sentir. Pergunte-se: “Qual emoção esse evento despertou em mim? Por que, ao relembrar essa situação, me sinto assim?”.

Essa prática transcende o simples ato de escrever; é um espaço sagrado no qual suas emoções podem fluir livremente. Ao fazer isso, você permite que os padrões de comportamento que, até então, podiam ter permanecido ocultos, tornem-se visíveis, abrindo caminho para mudanças significativas.

Logo, à medida que mergulhamos nesse processo, a autenticidade vai se tornando uma bússola, já que viver conforme quem realmente somos origina uma base sólida para todo o processo. E essa conexão entre autoconhecimento e autenticidade é crucial. Ser verdadeira consigo mesma fortalece a autoestima e facilita a tomada de decisões coerentes com nossos valores mais profundos.

Pense nos momentos em que você sentiu a necessidade de se adaptar às expectativas dos outros. Esses instantes são oportunidades de reflexão. Pergunte-se: "O que eu realmente desejo para meu trabalho, minha empresa, minha vida pessoal? Como eu posso alinhar minhas ações e ser congruente com minha essência?".

Agora, visualize-se em um momento inspirador, no qual se permite ser vulnerável. Essa vulnerabilidade não é sinal de fraqueza, mas uma força poderosa que permite a conexão com outras mulheres que passam por batalhas semelhantes. Assim, compartilhar sua história e ouvir as histórias de outras cria uma atmosfera de apoio e compreensão, em que todas podem se sentir acolhidas.

Vamos continuar explorando exercícios simples, mas poderosos, que podem transformar a maneira como nos percebemos. Trago então a Roda da Vida, na qual visualizamos diferentes áreas de nossa vida – pessoal, relacionamentos, carreira, saúde – e avaliamos quais nos trazem satisfação e em quais necessitamos de mudanças.

Este simples gráfico, que mostro a seguir, pode proporcionar uma perspectiva nova sobre o que realmente importa, ajudando a formar um mapa de autocuidado e crescimento saudável.

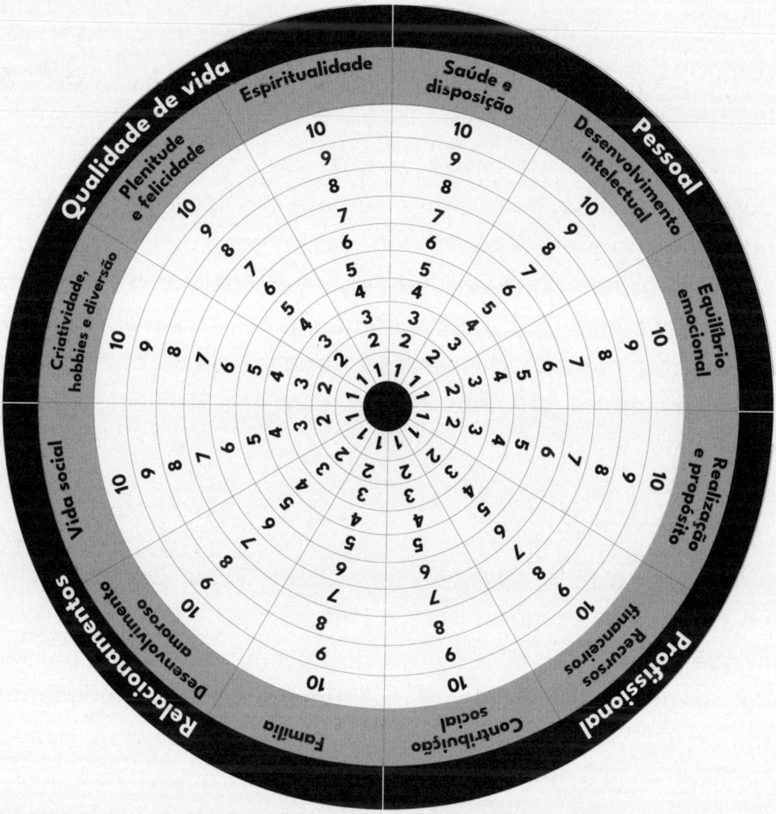

Fonte: IBC Coaching (2020).

Como utilizar a Roda da Vida:

1. **Avaliação**: em cada uma das áreas (ex.: saúde, carreira, lazer), avaliamos o nível de satisfação numa escala de 0 a 10.
2. **Visualização**: após avaliarmos, conectamos os pontos em um gráfico circular, como o visto acima, para termos uma visão geral de quais áreas estão em equilíbrio e quais precisam de mais atenção.

3. **Reflexão e ação**: a partir da visualização, identificamos as áreas que demandam melhorias. Isso ajuda a priorizar ações específicas para termos mais equilíbrio e satisfação na vida como um todo.

Essa ferramenta é simples, mas eficaz na identificação de campos que requerem foco para promover mais equilíbrio e realização pessoal.

É importante destacar que o desconhecido pode ser desafiador, mas, também, é repleto de aprendizado e de nuances enriquecedoras. Cada passo traz novas descobertas. Prepare-se para ver sua vida se desdobrar de maneira que, provavelmente, nunca imaginou ser possível, seguindo um caminho que a levará não apenas a confrontar suas emoções, mas a genuinamente celebrá-las. Porque, não podemos nos esquecer, é apenas ao reconhecermos e aceitarmos nossas emoções mais genuínas que poderemos verdadeiramente acontecer.

Integrar o foco seletivo no cotidiano é um passo decisivo para aqueles que buscam transformar sonhos em realidade. Para isso, necessitam de aprimoramento, a fim de concentrar suas energias e investimentos no que realmente importa: a produtividade assertiva. O foco, por si só, é uma habilidade que pode ser aperfeiçoada e treinada. Ele é essencial para que possamos direcionar nossas energias para aquilo que realmente importa. Vamos voltar a explorar formas práticas de fazer isso.

Na vida empresarial, o foco seletivo se adapta às diversas situações. Imagine-se gerenciando um projeto: é essencial priorizar atividades que realmente geram resultados tangíveis e focar na produtividade assertiva. Use a Matriz de Eisenhower para categorizar suas tarefas em quatro quadrantes: urgente e importante; importante, mas não urgente; urgente, mas não importante; e nem urgente nem importante. Assim como já aprendido anteriormente, no Capítulo 1. Essa abordagem ajudará na classificação daquilo que realmente merece sua atenção, permitindo que gaste sua energia nas áreas em que fará mais diferença.

Nessa perspectiva, os casos de sucesso são sempre inspiradores. Pense em empreendedores que alcançaram grandes conquistas focando nos aspectos fundamentais de seus negócios. Um bom exemplo é a história de uma empresária que decidiu simplificar seu modelo de atuação, passando a priorizar a qualidade dos produtos sobre a quantidade. Ao fazer isso, não apenas melhorou a satisfação dos clientes, como também viu suas vendas dispararem.

Essa é a história de Luiza Helena Trajano, CEO do Magazine Luiza, reconhecida por seu foco em inovação e gestão humanizada, e por transformar a empresa em um dos maiores cases de sucesso do varejo brasileiro. Nos últimos anos, a empresária liderou a expansão do Magazine Luiza e ainda reformulou a estrutura organizacional, concentrando-se em uma abordagem *omnichannel strategy* e digital.

Assim, em vez de simplesmente ampliar a quantidade de lojas físicas, Luiza priorizou o investimento em plataformas digitais e em melhorar a experiência do cliente, o que é um claro modelo de opção pela qualidade no serviço oferecido, em vez de focar apenas no aumento de volume.

Como consequência, sua rede ampliou a participação no mercado on-line e ainda criou o LuizaLabs, um centro de inovação focado em tecnologia e em melhorias contínuas que prioriza o atendimento e os processos internos. A preocupação com a qualidade da experiência é parte do sucesso obtido, simplificando e otimizando as operações, ao contrário do modelo tradicional de expansão pura e simples de produtos e lojas. Este é um testemunho de como o foco seletivo, quando direcionado corretamente, pode trazer resultados surpreendentes.

Lembre-se que cultivar esse foco requer prática e disciplina, mas os benefícios são imensos. A vida é cheia de distrações, no entanto, ao adotarmos métodos que mantenham nossa atenção naquilo que realmente importa, estamos investindo no futuro. Não permita que o caos exterior comprometa sua jornada interna; escolha focar no que é relevante e observe como isso pode transformar sua trajetória. Ao final, seu caminho não será apenas guiado, mas também transformado pelos marcos de sua evolução pessoal e profissional.

As ferramentas de apoio ao crescimento são um verdadeiro tesouro no seu desenvolvimento profissional e pessoal. Um dos recursos mais eficazes para organizar suas ideias e planejar suas metas são os mapas mentais, uma ferramenta gráfica que permite a visualização de conexões entre emoções, objetivos e ações.

Imagine um grande quadro no qual pode desenhar, colorir e conectar – constitua seu próprio mapa de ideias. Ao criar um esquema visual, fica mais fácil identificar prioridades e desenvolver estratégias claras para alcançar suas ambições. Trago então, na sequência, um fluxograma sobre como essa criação pode ser.

Como fazer um mapa mental

Comece com a sua ideia central
Coloque o tema no centro e desenvolva os tópicos em ramificações.

Escolha um modelo e uma plataforma
Escolha o modelo a partir da quantidade de informação que você tem disponível e o interesse da sua audiência por detalhes.

Plataformas:
Miro, Google, MindMeister, MindManager, MindNode, Lucidspark, Canva.

Escreva os principais subtópicos
São os desdobramentos do seu tema. Se você fala de moda e o tema central é lançamento da coleção de verão, os subtópicos podem ser as categorias de roupas, como blusas, acessórios e vestidos.

Escreva os tópicos relacionados a cada subtópico
Dentro dos subtópicos, você pode detalhar ainda mais. No caso das roupas, em blusas, é possível classificar em croppeds e tops, com botão, com alça e dicas de sobreposição.
Use cores e elementos para categorizar e criar uma hierarquia visual.
Você pode, por exemplo, colocar vermelho para os temas prioritários e azul para os que não tem uma data definida.

Fonte: Sebrae (2023)

O modelo ilustrado tem como foco as conexões entre emoções, objetivos e ações voltados às mulheres empreendedoras, podendo ser utilizado na reflexão sobre a importância de alinhar suas emoções com suas metas, assim como as ações práticas necessárias para alcançar o sucesso.

Podemos, então, citar Giulia, uma empreendedora que, ao aplicar essas ferramentas, conseguiu estruturar melhor sua rotina e focar em seus objetivos. Ela criou um mapa mental para seu planejamento empresarial e, em pouco tempo, viu seu negócio ganhar forma e estrutura. Essa organização permitiu que se mantivesse motivada e focada, mesmo quando os desafios surgiam. O progresso de Giulia reflete como a estrutura e a clareza podem impulsionar a execução de sonhos e objetivos, mostrando que é possível transformar ideias em realidade.

Por isso, ao empreender sua jornada rumo ao autoconhecimento e aos seus objetivos, não subestime o poder do ambiente de apoio e de ferramentas que facilitam o processo. Além de ajudarem na gestão de tarefas, podem se tornar aliadas em momentos de dúvida e insegurança. Incorporá-las no seu cotidiano pode ser o diferencial entre ficar estagnada e avançar com confiança. Toda a tecnologia disponível hoje e as ferramentas do conhecimento tornam-se poderosos aliados e diferenciais na vida profissional e pessoal.

Lembre-se: o caminho para o crescimento é repleto de aprendizados incríveis. Mantenha sempre perto de você as estratégias que mais funcionarão e adapte-as à sua necessidade. O triunfo está nas pequenas ações, na persistência e na clareza que traz ao longo da jornada. Portanto, não hesite em utilizar essas ferramentas como parte da construção da sua vida plena e significativa. Você está desenhando a sua trajetória – faça cada detalhe contar.

Manter a motivação e a responsabilidade ao longo do caminho de autoconhecimento e de desenvolvimento pessoal é um dos pilares fundamentais para a transformação duradoura. Muitas vezes, os desafios surgem e testam a nossa determinação, mas é nesses momentos que o suporte mútuo e a criação de um ambiente de incentivo se tornam cruciais. Investimentos em mentorias seguras, que te levam ao poder da ambiência com pessoas que compartilham os mesmos valores, desejos, dores e questões que você, fazem toda a diferença no fortalecimento de suas ações e construções.

Histórias inspiradoras de mulheres que superaram obstáculos e alcançaram seus sonhos são poderosos lembretes do que é possível quando se tem um sistema de apoio. Pense em casos como o de Malala Yousafzai, que, apesar de enfrentar adversidades extremas, encontrou forças em sua comunidade para lutar pela educação de meninas ao redor do mundo. Aos 15 anos, ela sobreviveu a um atentado do Talibã por defender o direito das meninas à educação no Paquistão. Sua resiliência a transformou em uma líder global, ganhando o Prêmio Nobel da Paz em 2014, tornando-se a mais jovem laureada da história.

Essas narrativas nos lembram que não estamos sozinhas em nossas lutas; outras enfrentaram desafios semelhantes e, por meio do apoio, conseguiram não apenas sonhar, mas realizar. Malala é um exemplo poderoso para mulheres empreendedoras que buscam sucesso em suas vidas pessoais e profissionais devido à sua coragem, determinação e compromisso com a educação e o empoderamento feminino. Ainda fundou o Malala Fund, uma organização que luta pela educação de meninas ao redor do mundo, demonstrando que ações locais podem ter impactos globais.

Para mulheres que buscam liderança e sucesso, essa figura exemplifica como o conhecimento, a força de propósito e a paixão podem superar obstáculos e transformar vidas. Sua defesa pelo poder feminino global nos mostra que temos o direito e a capacidade de mudar nossas realidades e alcançar nossos objetivos, seja no âmbito social, profissional ou pessoal.

Nesse sentido, uma prática simples pode ser a criação do compromisso de responsabilidade. Escolha uma pessoa próxima e estabeleçam metas juntos. Que tal fazer uma lista do que desejam alcançar e agendar encontros mensais para acompanhar seus progressos? Ter alguém para prestar contas transforma não apenas a jornada em uma experiência mais leve, mas também serve como lembrete constante do que é importante para você.

Lembre-se também da importância de cuidar de si mesma. Estabeleça uma rotina que inclua tempo para autocuidado, seja por meio de práticas de mindfulness, caminhada, academia, natação. Quando você se prioriza, melhora sua capacidade de agir efetivamente em outras áreas da sua vida. O equilíbrio entre o corpo, a mente e as emoções é crucial para sustentar a motivação ao longo da jornada.

Então, fique atenta ao seu círculo social. Pessoas que compartilham de seus sonhos ou que já o alcançaram proporcionam perspectivas valiosas. O compartilhamento de experiências e lições cria um espaço rico de aprendizado mútuo. O impacto dessa troca é inestimável, pois possibilita que todas avancem juntas para atingir o que almejam.

Na verdade, o crescimento nunca é um caminho solitário. O compromisso de seguir em frente, mesmo nas curvas e desafios da jornada, torna-se menos difícil e mais gratificante quando partilhado. Ao final do dia, quando você olhar para aquilo que tem conseguido construir, lembre-se de que o apoio e a solidariedade são como rochas que sustentam a confiança e a determinação para seguir em frente. Portanto, envolva-se, busque sua comunidade e lembre-se que sempre terá forças para prosperar.

Essa jornada é sua, mas tem o potencial de impactar muitas vidas ao seu redor.

04

A CONEXÃO ENTRE AUTOCONHECIMENTO E AÇÃO TRANSFORMADORA

O PODER DA INTENÇÃO

A vida é composta por escolhas que moldam o que somos e para onde estamos indo. De modo particular, estabelecer intenções claras é como acender uma lanterna na escuridão das incertezas. Enquanto as metas podem ser definidas como pontos em um mapa – às vezes distantes, outras vezes irreais – as intenções são os motores que nos impulsionam a seguir em frente, com um propósito renovado. Entenda: decidir não é o mesmo que agir.

Definir intenções é um ato profundamente enraizado no autoconhecimento. Ele começa com a capacidade de olhar para dentro e questionar: "O que eu realmente desejo para minha vida de modo global, ou de modo pontual? O que eu desejo para minha vida profissional? O que eu desejo para minha vida pessoal? Meus desejos têm algum alinhamento?". Essas indagações, que podem parecer simples, estão na essência da autocompreensão. E, à medida que nos aprofundamos em nossa visão, mais nos deparamos com o que realmente importa – e o desvendamos. Não se trata apenas de objetivos a serem firmados, mas de desejos que frequentemente se ocultam sob as camadas de expectativas sociais e autojulgamentos.

Para ajudar nesse processo, que tal experimentar um exercício que une sua essência às suas intenções? Pegue um papel e uma caneta e escreva suas intenções, mas não apenas no sentido literal. Imagine-as de forma vívida: como você se sentirá ao alcançá-las? Mantenha seus olhos e sua mente abertos para a energia experimentada. Você pode escrever afirmações que ressoem com a sua alma, como "Eu tenho a intenção de viver com gratidão" ou "Eu me permito crescer e evoluir continuamente." Isso dá vida aos seus desejos e coloca você em movimento.

Quando observamos figuras femininas que mudaram suas realidades ao longo da história, percebemos que muitas delas, em algum momento, decidiram expressar suas intenções de forma clara e poderosa. Quero compartilhar aqui, sem me aprofundar muito – caso contrário, teríamos um volume de mais de mil páginas – a importância de que mulheres como nós conheçam e celebrem as histórias daquelas que se uniram, direta e indiretamente, na luta por causas que mudaram nossas vidas.

Com isso, dão-nos o direito de poder comprar um livro nas prateleiras sem precisar nos esconder, ou de falar sobre nossos progressos, desejos, sonhos e, principalmente, nossos negócios e nossa prosperidade. Elas não se concentraram apenas em suas metas comuns; também definiram intenções que irradiavam força e solidariedade. Essa conexão cria um espaço de transformação tanto pessoal, quanto comunitário.

Portanto, vemos que, ao longo da história, muitas mulheres se uniram para lutar por direitos fundamentais e impulsionar a igualdade de gênero, especialmente no direito ao trabalho remunerado e à participação plena na sociedade. Aqui estão algumas figuras e movimentos históricos marcantes:

1. As sufragistas (final do século XIX – início do século XX)

Este movimento, liderado por figuras marcantes como Susan B. Anthony e Elizabeth Cady Stanton, nos Estados Unidos, e Emmeline Pankhurst, no Reino Unido, lutou pelo direito ao voto feminino. O sufrágio era visto como essencial para garantir que as mulheres pudessem influenciar políticas públicas, incluindo leis sobre trabalho, salários justos e direito de propriedade.

2. Clara Zetkin e a Internacional Socialista das Mulheres

Zetkin foi uma ativista socialista alemã que, em 1910, propôs a criação do Dia Internacional da Mulher para reforçar a luta pela igualdade de gênero e pelos direitos trabalhistas. As discussões lideradas por ela e suas colegas eram centradas na busca por melhores condições de trabalho e a igualdade salarial para mulheres.

3. As operárias de Nova York e a greve de 1857

Um marco histórico na luta feminina por melhores condições de trabalho foi a greve das trabalhadoras têxteis de Nova York, que protestavam contra jornadas exaustivas e salários miseráveis. Esse evento é um dos que inspiraram a criação do Dia Internacional da Mulher.

4. Simone de Beauvoir e o movimento feminista do século XX

Simone de Beauvoir, com sua obra *O segundo sexo* (1949), foi uma grande influência para o feminismo moderno, argumentando que as mulheres sempre foram o "outro" na sociedade e que isso as impedia de alcançar plena igualdade no trabalho e na vida pública. Entre os anos 1960 e 1970, o movimento feminista cresceu expressivamente como resultado de suas ideias, voltando-se a questões como discriminação salarial, licença-maternidade e direito ao controle sobre seu corpo e vida.

5. Rosa Parks e o movimento dos direitos civis

Embora o foco principal de Rosa Parks tenha sido os direitos civis e a luta contra a segregação racial nos Estados Unidos, sua resistência inspirou uma série de ações que beneficiaram também as mulheres afro-americanas em sua busca por direitos trabalhistas e sociais.

6. Movimento feminista dos anos 1970

Esse período foi marcado por um forte ativismo em prol da igualdade de gênero, particularmente em questões de trabalho. Organizações como a *National Organization for Women* (NOW) nos EUA, fundada por mulheres como Betty Friedan, pressionaram por igualdade salarial, licença-maternidade e o fim da discriminação no local de trabalho.

Esses são apenas alguns exemplos de como as mulheres se uniram ao longo dos séculos para lutar por seus direitos e garantir o reconhecimento de seu valor no mercado de trabalho e na sociedade.

Agora, para ilustrar a força das intenções, pense em como se sente quando alguém compartilha seu sonho com você. A intensidade dessa narrativa é cativante, não é? A sensação de que há um propósito maior permeando cada palavra transborda positividade e encorajamento. Quando nos expressamos assim, com essa clareza, atraímos energia positiva e pessoas que vibram na mesma frequência, compartilhando seus próprios sonhos e ajudando a realimentar as intenções umas das outras.

Lembro-a sempre de que suas intenções podem – e devem – evoluir. Do mesmo modo que você se transforma, as intenções também devem refletir seu eu em desenvolvimento. Ao longo do tempo, ao revisitar suas intenções, pergunte-se: "Isso ainda é relevante para mim? Como posso atualizar isso para me alinhar mais com meu eu verdadeiro?". Essa reflexão não é apenas enriquecedora, mas necessária para que continue crescendo em sua jornada.

Ao passo que caminhamos para a próxima seção, leve com você a mensagem poderosa de que suas intenções são mais do que simples desejos. Trata-se de sementes que, uma vez plantadas, podem florescer em ação transformadora e impactante. Prepare-se, então, para integrá-las ao seu propósito, fazendo com que cada passo dado ressoe com significados profundos, sentimentos e sentidos reais, que vêm lá de dentro, onde apenas você tem acesso.

Você está pronta para deixar seu poder de saber acontecer?

Conhecer e integrar as ações diárias ao seu propósito autêntico é a chave para a concretização dos desejos mais profundos. Cada ato, por menor que pareça, quando alinhado às intenções, tem o poder de transformar sua vida. A jornada vai além do que se deseja alcançar: ela envolve a forma como suas ações expressam sua verdade e o que você faz, ou fará, com cada passo dado. Afinal, a verdade é que não é sobre o fim, mas sobre o caminho.

A primeira coisa a entender é que cada pequena ação conta. Não subestime o poder de um simples ritual matinal que te prepara para o dia. Uma das coisas que tenho como regra, que ensinei aos meus filhos e repasso a quem posso, é sobre o valor de acordar com tempo de qualidade para se organizar e começar o dia. Eduque seu corpo e sua mente para acordar com antecedência, tomar seu café da manhã, optar por escolhas mais saudáveis, ler seu jornal ou realizar sua higiene matinal tranquilamente, e não sair esbaforida, sempre atrasada, e já iniciar o dia com tudo dando errado.

Você também pode optar por ouvir músicas que te elevem, sejam elas calmas ou aceleradas. Isso depende de sua essência e seu astral naquele dia, afinal, você sabe o poder que uma música tem. Uma mensagem ou um ritmo animado pode fazer toda a diferença, assim como algo mais calmo pode te concentrar para uma reunião importante, ou virar a chave daquele problema que te tirou o sono.

São pequenas estratégias que mudam o todo. Por exemplo, ao estabelecer um compromisso semanal, como a leitura de um livro que ressoe com suas intenções, você não apenas enriquece seu conhecimento, como alimenta seu interior. Aqueles 15 minutinhos em que ficaria passeando pelas redes sociais antes de dormir podem ser dedicados à leitura de algo que se conecte ao seu momento atual, que alimente seus objetivos. Essa prática certamente acrescentará foco e capacitação, além de exercitar músculos importantes para sua produtividade assertiva e seu foco seletivo.

Um exercício prático que pode ser muito eficiente é a criação do plano de ação semanal. Para tanto, reserve um momento a cada começo de semana para revisar suas intenções e anotar quais ações específicas podem ajudar a concretizá-las. Por exemplo, se sua intenção é cultivar relacionamentos mais saudáveis, que tal agendar um café com uma amiga que lhe inspire? Ou assistir a um filme que possa trazer algo interessante para suas analogias e ambições? Ou, se deseja aumentar sua produtividade, talvez seja hora de designar um espaço livre de distrações, no qual consiga se concentrar nas tarefas que realmente importam.

A experiência de mulheres que tomaram esses passos é inspiradora e cheia de aprendizados. Pense em Júlia, que decidiu fazer mais do que apenas sonhar em abrir seu próprio negócio; ela começaria a dar pequenos passos na direção de sua realização.

Começou dedicando algumas horas por semana para estudar estratégias de mercado e, com isso, estabeleceu contatos na área. Criou sua conta na rede social para ter conexão com pessoas do mundo corporativo, empresarial e empreendedor, passando a seguir e entender como cada um se portava naquele ambiente. Com o tempo, suas ações a levaram à criação de um produto que, não surpreendentemente, começou a fazer sucesso.

Júlia nos ensina que um pequeno passo pode desencadear grandes transformações na vida, e que nada é por acaso, mas sim com e de propósito. Em sua ação existiu um desejo, uma decisão e uma intenção clara. Lembre-se sempre: rica de propósito, nunca por um acaso.

Ao vivermos de acordo com nosso propósito, passamos a perceber que existe um impacto emocional, psicológico e físico nesse acordo interno. A nossa motivação se renova, o medo se dissipa e uma confiança sutil nasce à medida que observamos as mudanças e nos aprofundamos no assunto. Você se sentirá mais tranquila e alinhada, como se estivesse seguindo um caminho que se desdobra à sua frente.

O mais importante é manter-se continuamente neste processo, não desistir nos primeiros obstáculos. Não tenha pressa, tenha estratégia, consciência e prazos pré-estimados dentro de uma realidade, e não de uma ilusão. Lembra que falamos sobre isso no começo do livro?

Não podemos nos esquecer que obstáculos sempre aparecerão. E é aqui que a prática da resiliência se torna vital. Olhe para os desafios que surgem como oportunidade de aprender, não como barreiras. A cada tropeço, reserve um espaço para perguntar a si mesma: "O que essa situação me ensinou? Como posso ajustar meu caminho mantendo foco nas minhas intenções? Como posso produzir de modo assertivo e inteligente? O que eu preciso deixar de fazer para chegar no ponto em que eu compreenda que obtive o sucesso e prazer no que estou buscando?".

Por fim, celebrar as pequenas vitórias se transforma em uma prática vital. Quando você reconhece e comemora cada ação que se alinha com seu propósito – seja algo em construção, que te eleva ou diminui naquele sentido rápido e momentâneo, ou a conclusão de uma tarefa no dia a dia – não apenas reforça sua motivação, mas também te conecta profundamente com sua essência. As conquistas, por menores que sejam, carregam em si a energia da mudança.

Então, prenda-se à responsabilidade de alimentar seus objetivos com ações que ecoem suas intenções. O caminho está aberto – você já deu o primeiro passo ao se conhecer e estabelecer suas intenções. Agora, é hora de se movimentar, agir e transformar. A verdadeira mágica começa quando você não apenas sonha, mas age em direção à realização do que deseja. O que está esperando para começar?

Superar obstáculos emocionais é um componente vital na jornada rumo à autotransformação. Muitas vezes, somos confrontadas por medos e inseguranças que, se não enfrentados, podem se tornar barreiras quase intransponíveis. Reconhecer esses sentimentos é o primeiro passo crucial nesse processo.

O medo do fracasso, as comparações constantes – tanto com outras mulheres quanto com os homens – e as expectativas externas são grandes vilões. No entanto, cada um pode ser desnudado e transformado em oportunidade. Tudo depende de como você encara o que te limita ou amedronta. Tomemos o ditado popular que diz que alguém pode enxergar um copo de água meio vazio ou meio cheio, tudo depende do ponto de vista, desejo e investimento de quem o analisa.

Quando falamos sobre o medo do fracasso, precisamos entender que é uma emoção que todos nós experimentamos em algum momento. Reflita por um instante: quantas oportunidades você deixou passar por medo de não ser boa o suficiente? Uma técnica poderosa para enfrentar esse medo é a visualização positiva.

Reserve um momento do seu dia para imaginar-se atingindo seu objetivo. Passe alguns minutos visualizando seus passos, as ações que tomaria e como se sentiria ao celebrar essa conquista. Essa percepção dramática e otimista ajuda a suavizar o coração e a mente, promovendo a sensação de conforto nas incertezas do futuro.

Para lidar com comparações, uma abordagem interessante é conscientizar-se do seu valor único. Ninguém neste mundo possui a sua história, suas experiências e suas habilidades. Em vez de olhar para o caminho das outras pessoas, faça uma lista das suas realizações e das qualidades que a tornam especial.

Quero aqui compartilhar com você algo muito íntimo. Ao longo da minha vida – como poucos talvez saibam, já que não costumo falar muito sobre isso – passei por todas essas fases. Por acreditar no poder da união e do autoconhecimento, aliados ao foco seletivo e à produtividade assertiva para obter resultados, é que resolvi colocar no papel e levar você comigo para o lugar da plenitude dentro de mim mesma.

Iniciei minha vida profissional aos dez anos de idade, vendendo sonhos, coxinhas e rissoles que minha mãe fazia. Eu ia para a porta da escola e do Banco do Brasil todas as tardes para vendê-los. Caminhava ou pedalava minha bicicleta vermelha, uma monareta que parecia uma Ferrari de duas rodas, colocava o isopor preso por um elástico com dois ganchos, um em cada ponta, na garupa. Assim, lá ia andar em torno de 50km a 60km por dia, pois morava no interior de Santa Catarina, e tudo era muito longe e não havia transporte público.

Eu passei por todo tipo de humilhação, vergonha e insegurança ainda nessa fase, pois, obviamente, muitas outras crianças zombavam de mim por estar ali, trabalhando com um isopor embaixo do braço, sem imaginar que comigo existia um desejo enorme de vencer. Essas crenças de que eu era inferior e menor, em termos de poder aquisitivo e conforto, do que aqueles coleguinhas da escola, acompanharam-me por toda a vida.

Já no auge da minha terceira graduação, mesmo depois de ter percorrido boa parte do mundo como modelo, trabalhado em televisão, cinema e teatro, estampado capa de grandes revistas, ter meus imóveis, construído minha família e alcançado o poder de comprar o banco onde eu vendia os sonhos, eu acreditava não ser merecedora daquilo que tinha. Sentia-me ignorante, duvidava da minha capacidade por ser disléxica, canhota, alta demais, ter características de alguém que nasceu rica e milionária. Eu me via sempre culpada por qualquer coisa. Qualquer insegurança do outro fazia com que eu acreditasse que era por minha causa. Todas as minhas relações foram abusivas, sofri todos os tipos de abusos e violências que se pode imaginar, e isso me acompanhou por toda a vida.

Segui com esse sentimento até o momento em que, em um determinado dia e lugar, alguém que era superior a mim em termos acadêmicos, me disse: "Você nunca percebeu que as pessoas não ficam perto de você porque você é muito alta? Você anda curvada, se escondendo. Elas te cortam da foto ou nunca querem estar perto por sentirem vergonha de você. Você se arruma demais e tem tudo, ninguém acredita em você ou quer ouvir o que diz, porque sempre vai ter alguém dando tudo para você".

Consegue entender o impacto disso na minha vida? Todo o peso do mundo desabou sobre mim. Tudo e mais um pouco. Eu quase desisti dos poucos meses que ainda faltavam para finalizar aquela graduação. Não conseguia desenvolver mais nada, então o que me restava era a terapia.

Trabalhei incansavelmente. Durante longos três anos ininterruptos, duas, três ou cinco vezes por semana, finais de semana, feriados... Investi em sessões de psicoterapia, autoconhecimento, coaching, mentoria, tudo muito direcionado e focado para atingir minhas metas, até que peguei toda aquela dor de uma vida e resolvi dar um basta. Transformei em pura potência. Passei a me dedicar dia e noite aos meus projetos e empresas, a seguir na estruturação da minha família e casamento, que também não iam bem.

Decidi que eu queria o equilíbrio entre essas áreas e, mais do que isso, desejava algo além do que apenas lucratividade sobre o meu interminável trabalho e dedicação. Eu, agora, não precisava provar nada para ninguém. O medo não me atormentava mais, nem a insegurança. Eu tinha a certeza de que não era sobre mim que falavam ou agiam de tal forma, mas sobre as inseguranças deles mesmos.

Entretanto, eu merecia dar essa resposta a mim mesma. Ver que aquela menininha, saída do interior, agora era uma mulher gigante, de coração puro e uma garra interminável, que merecia ter muito lucro, retorno financeiro e, principalmente, prosperidade em abundância – frutos de suas escolhas e investimentos.

Seguindo por essa linha, é notório outro aspecto a se considerar: a influência das expectativas externas. Muitas vezes, nossas próprias necessidades e desejos são ofuscados por pressões sociais. Aqui, a prática da autocompaixão se torna uma aliada essencial. Quando se sentir sobrecarregada, pergunte-se: "O que eu realmente quero? O que faz meu coração vibrar?". Permita-se explorar essas perguntas, mantendo em mente que não há respostas corretas ou erradas – apenas as que ressoam verdadeiramente em seu ser.

É importante lembrar que você não está sozinha nessa luta. As histórias de muitas outras grandes mulheres que superaram medos e inseguranças, como as trazidas aqui, podem ser um bálsamo para a alma. Assim, pense na trajetória de uma empreendedora que estava apavorada com o possível fracasso de seu projeto. Ao encontrar pares em sua jornada e compartilhar suas vulnerabilidades, não só recebeu apoio, como construiu uma comunidade sólida que a impulsionou. Com o tempo, percebeu que seus medos eram comuns e que cada desafio se tornava mais fácil de enfrentar quando compartilhado.

Por fim, transformar esses medos e inseguranças em combustível para o crescimento não acontece da noite para o dia, requer prática e paciência. Quando se deparar com obstáculos, lembre-se de que cada dificuldade traz consigo a oportunidade de crescimento. Ao final do dia, as experiências vividas, especialmente as dolorosas, são as que mais nos ensinam. Então, celebre cada passo dado, por menor que seja, e continue a avançar com coragem e devoção ao seu propósito. A jornada é sua. Faça dela uma aventura rica em conhecimento e superação.

Celebrar o progresso é uma chave fundamental na jornada de autodescoberta e transformação. Muitas vezes, estamos tão focadas em alcançar nossos grandes objetivos que nos esquecemos de reconhecer e valorizar as pequenas vitórias que nos impulsionam adiante. Perceber as pequenas conquistas nos ensina que, dando atenção a cada passo, criamos um ciclo de motivação que se autoalimenta. Cada vitória, mesmo que pequena, torna-se um degrau que nos leva mais perto do nosso destino.

Uma forma eficaz de comemorar essa progressão é estabelecer rituais de celebração. Que tal criar um momento especial ao final de cada semana para refletir sobre suas realizações? Seja preparando um jantar especial, passeando em um lugar que ama ou, até mesmo, reservando um tempo para se cuidar. Essas pequenas celebrações ajudam a solidificar a sensação de conquista. Ao fazer isso, reconhece o que conseguiu e abre para si um espaço de gratidão, essencial para continuar avançando.

A adoção de uma visão de gratidão e reconhecimento em relação ao progresso cria um ambiente fértil para o crescimento. Essa prática propicia uma mentalidade saudável, e se transforma na base que suportará novos desafios e conquistas. Por isso, adore as pequenas vitórias; elas são a essência do seu transformador processo e progresso.

Ao parar para pensar na sua própria jornada, reflita: o que você já conquistou até agora? Quantas vezes se parabenizou ou celebrou suas vitórias? Cada ação que escolheu e cada desafio enfrentado merecem ser celebrados. Ao receber essas pequenas realizações com alegria, você se prepara para conquistar ainda mais. Afinal, cada passo dado, por menor que seja, a aproxima mais do seu propósito. Portanto, permita-se celebrar, reconhecer e vibrar pelas suas conquistas; a luz que você busca para guiar sua trajetória cresce a cada passo dado com garra e determinação.

05

CONECTANDO INTENÇÃO À REALIDADE

A FORÇA DO COMPROMISSO PESSOAL

Conectar-se profundamente com suas intenções precisa ser mais que um mero desejo; é um compromisso inabalável. O compromisso pessoal é a ponte que leva da intenção à ação, propondo uma nova perspectiva sobre o que significa realmente se dedicar a algo. Aqui, torna-se fundamental compreender que o compromisso não é apenas uma meta temporária ou uma lista de desejos passados. Trata-se de uma declaração constante de que você está disposta a lutar por aquilo que realmente deseja, mesmo quando os ventos contrários surgirem.

Imagine, por exemplo, uma mulher chamada Clara, que durante muito tempo sonhou em abrir a própria padaria, mas sempre deixava a ideia de lado, achando que era um plano "para depois", pois tinha infinitas atribuições a serem priorizadas, e sempre surgiam outras mais.

Um dia, após uma conversa iluminadora com sua mentora, Clara tomou a decisão de se comprometer a dar os pequenos passos necessários para tornar seu sonho realidade. Com isso, passou a pesquisar sobre o mercado, criou um esboço do que sua padaria poderia oferecer e, finalmente, inscreveu-se em um curso de culinária. Cada passo, por menor que fosse, era uma validação de seu compromisso e da seriedade de suas intenções.

Assim como Clara, muitas outras mulheres, ao longo da história, transformaram suas vidas ao se comprometerem com suas próprias intenções. O segredo reside na transformação desse compromisso em ações tangíveis. Durante o dia a dia, devemos agir de forma alinhada com nossos desejos mais profundos. Sabemos que essa conexão é o que impulsiona o progresso.

Cito aqui novamente a pesquisa desenvolvida por Gail Matthews (2007), psicóloga da Universidade Dominicana da Califórnia, a qual demonstrou que o ato de escrever metas envolve tanto a parte cognitiva quanto emocional do cérebro, ajudando na consolidação dos objetivos na mente e dando um alvo claro para trabalhar.

Além disso, cria um senso de responsabilidade, tornando mais fácil acompanhar o progresso e manter o foco no objetivo. Outro ponto importante destacado foi o impacto da especificidade: metas claras e desafiadoras são mais eficazes do que as genéricas ou fáceis. Isso também ajuda a evitar o esquecimento, já que o ato de escrever serve como um lembrete constante. Essa pesquisa reforça a importância de documentar os compromissos pessoais e profissionais para aumentar as chances de sucesso.

Agora, proponho um exercício prático que pode mudar a forma como você se relaciona consigo mesma e com suas intenções. Crie um contrato pessoal. Nesse documento, escreva suas intenções, seja honesta e sincera. Defina prazos, estabeleça etapas e, acima de tudo, use-o como um lembrete diário do seu compromisso. Por exemplo, se almeja tornar-se uma boa comunicadora, comprometa-se a participar de uma aula de oratória até o final do mês. Observando esse contraste entre intenção e ação, sentirá a energia brotando a partir dessa decisão.

E, claro, não se esqueça de que a jornada nem sempre será tranquila. Existirão momentos de dúvida, frustração e, até mesmo, a tentação de desistir. É nesse momento que a resiliência se torna uma característica essencial. Se olharmos para a vida de mulheres que lutaram bravamente por seus sonhos – seja na ciência, na arte ou nos negócios –, perceberemos que a força de continuar se conectou diretamente com o compromisso inicial. As dificuldades viverão ao seu lado, mas sua determinação é o que fará a diferença. Tenha resiliência, consistência, congruência e persistência.

Desse modo, ao traçar um plano de ação em seu contrato pessoal, notará que o caminho entre a intenção e a realidade se tornará mais claro. Poderá, então, realizar revisões regulares, refletindo sobre o que funcionou e o que pode ser melhorado, alinhando tudo isso aos seus valores e às suas aspirações.

Prepare-se para celebrar a cada passo, já que esse é um ato poderoso. Reforce-o ainda mais. Ao reconhecer seu progresso, mesmo que imperfeito, você fortalece o compromisso que fez consigo mesma. Essa percepção é a energia que alimenta novas intenções e impulsiona seus esforços. As pequenas conquistas são parte importante da jornada e merecem ser celebradas.

Portanto, olhe para o seu compromisso pessoal como uma promessa para o seu presente e futuro, pelo poder que tem de moldá-los. Mantenha-se firme nesse propósito, pois, ao final do dia, é essa conexão entre intenção e ação que revelará a verdadeira força que carrega dentro de si. Afinal, você não está sozinha nessa jornada; cada dia é uma nova oportunidade para se aproximar do que realmente deseja. Ponto por ponto, intenção por intenção, você pode criar a vida dos seus sonhos.

A arte do planejamento eficaz é uma das chaves para transformar intenções em ações concretas e realistas. É um processo que vai muito além do simples registro de metas; envolve a criação de um caminho claro para alcançá-las, organizando-se de maneira que as ações diárias se alinhem com os objetivos de vida mais profundos. Recorde o trajeto percorrido até aqui na leitura deste manual de vida profissional e pessoal, e utilize as ferramentas de que dispõe para ajudar a melhorar diariamente seu desempenho.

O planejamento, na sua essência, é como mapear uma viagem. Antes de pegar a estrada, não se escolhe apenas o destino, também se analisa a rota, possíveis paradas e até os imprevistos que podem surgir. Da mesma forma, quando pensamos em nossas intenções, é vital estabelecermos um plano que detalhe o caminho para chegar ao destino desejado. Imagine que essas intenções são as estrelas que guiam sua bússola interna. Com um mapa bem desenhado fica mais fácil navegar por elas, mesmo nas tempestades da vida.

Para começar, é essencial determinar quais são seus objetivos primordiais. Reserve um tempo para refletir sobre o que realmente deseja alcançar. Pergunte a si mesma: "Como eu quero que minha vida seja em cinco anos?". Anote seus pensamentos e comece a categorizá-los. Atenção! É importante dividi-los em seções, como carreira, saúde, relacionamentos e crescimento pessoal.

Uma ferramenta útil é a agenda, seja ela digital ou física, na qual devem ser registradas tanto suas metas quanto os passos que deseja dar em direção a cada uma delas. Considere também a já mencionada técnica SMART. Isso garantirá que suas intenções não sejam apenas sonhos vagos, mas planos sólidos com prazos e critérios de sucesso definidos.

Se você, por exemplo, deseja aprimorar suas habilidades em algum campo específico, defina prazos para a conclusão de cursos ou eventos relevantes que possa frequentar. Essa ação estabelece um compromisso consigo mesma e cria um senso de urgência que pode catalisar ações significativas.

A chave para manter a motivação nesse processo é a organização. Quando dividimos um grande objetivo em etapas menores e gerenciáveis, o tornamos menos intimidador e mais alcançável. Isso se aplica às metas de longo prazo e às tarefas diárias. Por exemplo, se almeja escrever um livro, comece estabelecendo uma meta de escrita diária, mesmo que seja apenas uma página. Conforme a rotina se transforma em hábito, a realização do grande objetivo se aproxima.

Nesse caminho, imprevistos sempre aparecerão. O importante é desenvolver uma mentalidade flexível e resiliente. Se o plano não sair conforme o esperado, em vez de desanimar, reavalie a situação e ajuste as rotas. Afinal, a jornada é enriquecida a cada curva que nos leva aos aprendizados, e cada desvio pode trazer um novo insight pessoal. Continuidade e persistência.

Encoraje-se a celebrar até as menores realizações no decorrer desse processo. Cada passo é uma conquista em si mesma, e vibrar as vitórias cria uma energia positiva que a impulsiona adiante. Seja ao compartilhar suas pequenas passagens com amigos ou ao dedicar um momento reflexivo para se congratular, é reforçado o compromisso feito consigo mesma.

Também abrilhante essa fase de planejamento tornando-a mais do que uma ferramenta, uma extensão de quem você é. Alinhe suas práticas diárias com seus valores e intenções, permitindo que as ações cotidianas reflitam o autoconhecimento e a autenticidade. Assim, a jornada se tornará mais significativa e gratificante, e a conexão entre intenção e ação poderá se realizar plenamente.

As expectativas sociais, por outro lado, podem ser ainda mais desafiadoras. Em um mundo que busca a validação constante, é essencial lembrar-se que o importante é o que te faz feliz. Praticar a autocompaixão nessa fase é fundamental. Quando se sentir pressionada ou sobrecarregada, pergunte-se: “O que realmente desejo?”. Permita-se entrar em contato com suas aspirações e sonhos sem a culpa ou a pressão de se conformar às exigências externas.

Lembre-se de que, assim como você, muitas mulheres atravessaram essa estrada íngreme e se tornaram exemplos de coragem e perseverança. Saiba que você inspira muitas pessoas ao seu redor, elas apenas não lhe contam, ou ainda não entendem o quanto a admiram. Aproveite as histórias inspiradoras de figuras femininas que superaram medos e inseguranças. Pense em quem já transformou suas vidas ao enfrentar as adversidades e na força que esses relatos podem trazer a você. Muitos momentos desafiadores que viveram se tornaram os pontos de partida para inovações e escolhas significativas.

Menciono então o grupo das “ências” resiliência, consistência, congruência e persistência, que precisa se tornar seu melhor aliado. Esteja aberta a aprender com seus erros; cada um deles é uma oportunidade de crescimento. Ao reconhecer que as dificuldades são parte da jornada e não o seu destino, você se torna mais forte. Isso se reflete na sua capacidade de tomar decisões, de agir e, principalmente, de continuar perseverando.

Faça um compromisso de honra consigo mesma: mantenha-se firme nos momentos profundos, possibilitando-se ajustar o que for necessário, sem jamais perder de vista suas intenções. Cuidado com os desvios de urgência, pois, às vezes, a necessidade nos tira do foco e acabamos por gastar energia e assertividade em qualquer coisa que se faz necessária, esquecendo-nos do caminho original.

Lembre-se que cada dificuldade superada é uma medalha em sua jornada. Volte lá, resgate esse sentimento de celebração e use-o como uma ferramenta para se reenergizar e reorganizar quando preciso. Essa combinação de gratidão pelas conquistas e coragem para enfrentar o que vem é a essência que tornará sua jornada ainda mais rica e significativa. Continue conservando a chama da sua determinação acesa e faça da superação uma grande aliada na sua transformação.

O caminho para tornar as intenções uma realidade, fortalecendo o compromisso e a celebração das conquistas, não é linear nem simples. No entanto, à medida que avançamos, percebemos que cada passo é crucial para estabelecer uma conexão genuína entre nosso ser interior e o mundo externo. A celebração, muitas vezes subestimada, revela-se uma arma poderosa na bagagem da transformação.

Para promover uma prática saudável, a criação de rituais de celebração entra em cena e torna-se protagonista, pois começamos a valorizar cada avanço, fortalecendo a visão e a ambição de para onde estamos indo e queremos chegar. Isso pode ser inserido em momentos específicos – ao final de cada semana ou ao completar um período mais longo.

Que tal reservar um tempo para agradecer a si mesma por cada avanço? Você poderia preparar uma refeição especial, fazer uma caminhada contemplativa ou, até mesmo, escrever em um diário, agenda, caderno ou bloco de anotações sobre suas conquistas. Essas práticas não são apenas prazeres momentâneos, elas se tornam molas propulsoras que permitem revisar sua trajetória com amor e carinho.

A experiência coletiva de outras mulheres também pode servir como um rico tecido de inspiração. Ao compartilharmos relatos sobre nossas próprias vitórias, por menores que sejam, criamos uma rede de suporte encantadora e inquebrável. O vínculo que surge por meio de histórias similares nos une e nos fortalece em nossa trajetória, já que percebemos que não estamos sozinhas e não somos as únicas com aquela questão que parece impossível, empoderando-nos para seguirmos em frente mesmo quando a estrada se mostra desafiadora.

Lembre-se: o ouro não brilha apenas em cerimônias, mas em cada dia do nosso cotidiano, transformando-se em aprendizado e conquistas. A jornada é individual e cada etapa deve ser celebrada com o carinho devido. Portanto, persista nesse fluxo de transformação e continue permitindo-se criar uma vida alinhada com suas intenções!

06

SUPERANDO OBSTÁCULOS E MANTENDO A MOTIVAÇÃO

Reconhecimento e compreensão dos obstáculos internos

Todos nós, de alguma forma, já encontramos barreiras emocionais que parecem intransponíveis. Elas se vestem de medo, insegurança e, muitas vezes, alimentam-se das expectativas sociais. Às vezes, vamos pela vida sem compreender exatamente o que nos bloqueia, mas, ao nos depararmos com essas questões, surge a oportunidade de olhar para nosso interior e reconhecer que os maiores obstáculos, muitas vezes, estão em nossa própria mente.

Pense em Mony, uma mulher que sempre sonhou em ser autora. Desde criança escrevia poesias e contos, mas, conforme crescia, passava a ter medo de julgamentos e críticas. Uma cadeira vazia a observava enquanto pensava nas histórias que nunca havia escrito. Começou a escrever para os outros, e jamais para si. O medo do fracasso a fazia acreditar que suas palavras nunca alcançariam o público.

Com isso, rendeu-se a um ciclo de dúvidas e inseguranças que a mantinham afastada da caneta e do papel, e de outras pessoas, pois o sentimento da falta de si mesma a levava a um ciclo interminável de inveja, insegurança e raiva, que não sabia nomear, mas sentia quando via que outros se esforçavam para fazer algo para si, enquanto ela não saía do lugar.

É hora de reconhecer esses sentimentos, e esse é o primeiro passo em direção à libertação. É algo que vai além de qualquer ação ligada à religiosidade ou a crenças espirituais. É sobre quem você se tornou, quem você é no seu íntimo, quem gostaria de ser, o que você sonha ou deseja. Pergunte-se: "Quais são meus maiores medos? O que exatamente me impede de avançar?".

Articular esses sentimentos pode ser desafiador, mas enfrentá-los é essencial. Uma maneira prática de começar é anotá-los, como se estivesse esvaziando sua mente em um papel. Ao dar nome às suas inseguranças, você acaba colocando luz sobre elas, tornando menos difícil desmantelar as sombras que projetam em sua vida.

Atenção! Lidar com essas emoções nem sempre é simples, o ideal é que procure ajuda de profissionais, para que auxiliem no seu crescimento profissional e pessoal. Em diversos momentos, não conseguimos perceber sozinhos em que ponto estamos nos travando ou errando, nem em que estamos acertando e deixando de lado. Provavelmente, você perceberá que muitos de seus medos estão interligados.

O medo do fracasso, por exemplo, frequentemente vem acompanhado do medo da comparação. Nas redes sociais, em que todos parecem ter vidas perfeitas, é fácil sentir que não somos bons o suficiente. No entanto, lembre-se: cada pessoa tem sua própria caminhada e história. Comparar-se com os outros trará apenas um burburinho sem fim de inseguranças. É preciso desenvolver o entendimento de que sua jornada é única e só sua.

Atenção, mais uma vez! A vida de rede social não é real, ali se mostra apenas o que chama atenção, o que gera *likes*, números, algoritmos. Por trás da foto perfeita existem pessoas, vidas que acordam e dormem, assim como você diariamente.

Um exercício prático que pode ajudar nesse processo é a criação de um mural ou caderno de conquistas, lembrando o *vision board*. Nele, anote os medos identificados, e também pequenas vitórias que já teve na vida. Essa prática revela que, mesmo que os obstáculos sejam muitos, há uma série de realizações que validam sua capacidade de superá-los. Reflita sobre alguns momentos em sua vida nos quais você enfrentou um desafio e conseguiu se erguer. Como se sentiu? Que aprendizados carregou consigo?

Nesse movimento de autoexploração, é fundamental permitir-se ser honesta consigo mesma. Você descobrirá coisas valiosas escondidas e esquecidas dentro de si. Afinal, a aceitação é um dos primeiros passos para a transformação. Não tenha medo de olhar no espelho e dizer a si mesma que você é capaz de se superar e de superar aos outros. A vida não será sempre um mar de rosas, mas a persistência e o reconhecimento de que possui o direito de falhar, sem que isso defina quem você é, pode fazer toda a diferença.

Ao fim deste bloco, teremos dado o primeiro passo para abrir o caminho além dos obstáculos emocionais. Considere cada angústia como uma oportunidade de crescimento. Assuma que o medo é apenas um aspecto da jornada, não uma fronteira intransponível. Cada quadrante da sua mente que se ilumina com o reconhecimento das dificuldades traz consigo um novo horizonte de possibilidades.

Vamos juntas nessa aventura de transformação? Mantenha a mente aberta e prepare-se para desbravar os desafios que estão por vir!

Autorrespeito e compaixão

A prática do autorrespeito e da compaixão com nós mesmas oferece uma luz revigorante quando nos encontramos diante de obstáculos emocionais, que nos cegam momentaneamente. É uma abordagem que pode transformá-los em caminhos sobre os quais podemos seguir, em vez de barreiras que nos paralisam. A ideia central dessa prática é reconhecer que todas nós enfrentamos adversidades e que nossa reação a elas pode ser uma aliada poderosa.

Iniciemos com uma reflexão: você já se deu permissão para falhar? Muitas vezes, adequamos nossos padrões a um nível de perfeição inatingível e, ao fracassar, somos duras com nós mesmas. Tome como exemplo a fabulosa trajetória da escritora J. K. Rowling, a qual já comentamos anteriormente. Antes de fazer sucesso com *Harry Potter*, ela enfrentou uma série de rejeições e dificuldades emocionais. No entanto, cada porta fechada, em vez de desencorajá-la, alimentou a autocompaixão que a fez tomar impulso. A busca constante por seu sonho foi marcada pela compreensão de que fraquezas e falhas não a definiam, mas faziam parte de seu crescimento.

Utilizar o autorrespeito e a autocompaixão como ferramentas práticas começa com o reconhecimento de que todas nós enfrentamos momentos frágeis. Muitas de nós já experimentamos aqueles dias em que a vontade de desistir é forte, e o mais simples dos objetivos parece uma escadaria inclinada. É necessário cultivar um espaço interno no qual a compreensão e a gentileza existem.

Um bom método para isso é dedicar-se a manter um diário de gratidão e autocompaixão. Registre suas lutas diárias e, ao lado, suas vitórias – não importa o quão pequenas pareçam. Com o tempo, essa prática irá solidificar sua resiliência e fortalecer a crença em suas capacidades. Muitas dessas lutas e vitórias irão se somar, tornando-a cada vez mais fortalecida, cheia de autoconhecimento e assertividade, levando-a a obter cada vez mais resultados positivos em tudo o que focar e selecionar.

Quando se encerram os diálogos internos com compaixão, abre-se a porta para a construção de uma mentalidade forte e consistente que celebra não apenas os grandes momentos, mas também as pequenas vitórias cotidianas. E, assim, ao aperfeiçoar a prática da autocompaixão, criamos o espaço necessário para sonhar e, por fim, realizar nossos verdadeiros desejos.

A construção de uma mentalidade sólida é um dos pilares que nos permite enfrentar as tempestades da vida com coragem e determinação. É o que nos transforma de meras sonhadoras em mulheres de ação, dispostas a trilhar o caminho dos desejos.

Cito aqui Marcella, uma mulher comum que se viu diante da adversidade após perder seu emprego, tornando-se um exemplo brilhante da força que a resiliência aliada a outros poderes pode nos oferecer.

A princípio, o desespero parecia dominar sua mente. Mãe solo, com dois filhos menores de idade, sem auxílio do genitor. No entanto, ao invés de se deixar abater, Marcella converteu aquela decepção e desespero em combustível. Buscou as ferramentas que tinha à disposição na internet, começou a desenvolver novas habilidades e a explorar um mercado que sempre havia lhe entusiasmado, mas que havia deixado de lado.

Em vez de permitir sentir-se um fracasso, decidiu se inscrever em cursos on-line e buscar mentorias gratuitas, pois o pouco dinheiro que tinha naquele momento era para as provisões básicas de sua família. Aprendeu técnicas valiosas sobre terapias integrativas, começou a treinar em seus próprios filhos e colocou em prática com a agenda de pessoas que conhecia, oferecendo massagens e cuidados em domicílio.

Não tinha maca para atendimento, não tinha produtos caros e mal tinha recursos para a condução, mas rodava a cidade para atender uma cliente aqui e outra acolá. Cada pequeno passo dado era uma afirmação de que merecia mais e estava disposta a lutar por isso.

Nesse processo, descobriu o poder da comunidade ao entrar para um grupo de WhatsApp, e assim por diante. Conectar-se com outras mulheres empreendedoras não só a inspirou, como instalou em seu coração a convicção de que ninguém precisa enfrentar os desafios sozinho. Hoje, Marcella tem seu próprio espaço de saúde integrada e emprega outras mulheres que ela mesma capacitou e ofereceu oportunidade.

Por isso, escreva, pelo menos uma vez por semana, os momentos desafiadores que já enfrentou e como conseguiu superá-los. O simples ato de revisitar essas memórias é poderoso, pois valida sua capacidade de resiliência. Você perceberá, ao reler essas experiências, que cada obstáculo também foi uma oportunidade de crescimento.

Agora, almejamos ir mais além. É essencial aprender a enfrentar a adversidade e também a usá-la como alavanca para seu desenvolvimento pessoal e profissional. A motivação é um elemento crucial nesse processo. É a faísca que acende a chama da ação e, mantendo-a conectada com suas intenções, você reserva a si mesma a chance de transformar sonhos em realidade. Um dos segredos é manter a visão do futuro clara e inspiradora. Se jogarmos uma luz sobre o que desejamos alcançar, seremos puxadas por essa energia.

Um lembrete bonito para essa fase é o exemplo da artista pop Adele. Sua jornada não foi livre de dificuldades, mas a resiliência e a conexão genuína que possui com sua arte a ajudaram a criar algumas das canções mais icônicas do nosso tempo.

Adele foi criada por sua mãe em um ambiente modesto no subúrbio de Londres. Em 2011, no auge de sua carreira, foi diagnosticada com um problema nas cordas vocais que quase a forçou a abandonar o canto. Além disso, enfrentou desafios pessoais, como o divórcio, em 2019, que inspirou o álbum *30*, no qual compartilha suas experiências de superação e autodescoberta.

Identificando-se com mulheres na mesma situação ao redor de todo o mundo, tornou-se não apenas uma grande artista, mas uma mulher que se transformou fisicamente ao decidir, em seu pior momento, que seria a melhor para si mesma e, por consequência, inspiraria outras tantas.

Trata-se de uma trajetória que é testemunho de resiliência. A capacidade de transformar lutas pessoais, como a ansiedade, o divórcio e a necessidade de lidar com o estresse, em músicas poderosas e emocionantes, tornaram Adele uma das artistas mais aclamadas da última década.

É essa transformação que caracteriza as mulheres resilientes, consistentes, congruentes e persistentes: elas não se limitam a resistir; elas transformam suas experiências em força criativa e ativa.

Sigamos, aprendendo a ver as adversidades não como muros, mas como pontes para a realização de nossos sonhos, desejos e objetivos. Permita-se usar de cada obstáculo para moldar sua trajetória e desenvolver esse poder interno que reside em você. Afinal, não existe crescimento sem a apresentação do desafio. Seja grata por cada experiência e enfrente-as de cabeça erguida.

Imagine, por exemplo, que você se comprometeu a fazer uma apresentação importante e, com muito trabalho e dedicação, consegue finalizá-la com sucesso. Essa deveria ser uma oportunidade de celebração. Ademais, quando celebramos, criamos momentos de alegria e felicidade que vitalizam nossa alma.

Porém, o que acontece muitas vezes é que nos prendemos aos objetivos maiores e nos esquecemos de valorizar o caminho. Olhar para o caminho percorrido é um exercício muito poderoso. Que tal elaborar um mural de conquistas? Talvez em um lugar onde verá todos os dias. Anteriormente falamos sobre as conquistas, e sobre colocá-las de forma visível, escritas em papel ou em um quadro. Agora, coloque fotos, frases inspiradoras ou qualquer representação visual que remeta a essas vitórias.

Esse mural a encherá de orgulho e servirá como um lembrete constante de que cada pequeno esforço faz parte de um grande todo. Que poder você tem e é, minha cara leitora. Que orgulho de você!

A prática da autoavaliação também entra aqui como uma aliada na continuidade da jornada. É importante refletir sobre o que funcionou e o que pode ser melhorado. Nesse processo, permita-se ser gentil consigo mesma. A autoavaliação não deve ser vista como uma avaliação crítica, mas como uma oportunidade de aprendizado. O que poderia ter sido diferente? Quais obstáculos consegui superar, e quais ainda necessitam de atenção? Essas reflexões ajudarão a moldar nossa trajetória futura de maneira mais assertiva.

Ao final de cada ciclo, é vital reavaliar o caminho e fazer os ajustes necessários. A vida é um fluxo constante de mudanças, e o que serve agora pode não servir mais adiante. Portanto, não tenha medo de recalcular a rota, readaptar suas estratégias e, invariavelmente, os seus objetivos. O importante é manter-se alinhada e aliada com o seu propósito e seguir em frente com coragem, calma e determinação.

Lembre-se de que cada conquista é um passo de dança na grande valsa da vida. Abrace suas vitórias como se elas fossem a própria sinfonia de seu caminho, integrando-as ao seu ser. É nesse espaço de celebração e reconhecimento que poderá florescer, prosperar e continuar trilhando o caminho que deseja. Continue a olhar para frente, mas nunca se esqueça de olhar para trás e reconhecer o quão longe você já chegou.

Celebre, ajuste e prossiga com a certeza de que está um passo mais perto de viver a vida com a qual sempre sonhou. E se, por um acaso, já conquistou todos os seus grandes sonhos, volte um pedaço do caminho e veja o que pode fazer para preencher estes novos espaços, o que pode fazer com tudo o que adquiriu, atingiu, conquistou, pois nada é, de fato, valoroso, quando não temos onde ou com quem compartilhar, agregar e acrescentar. O propósito é mais forte que o objetivo.

07

A ARTE DE CULTIVAR O AUTOCONHECIMENTO E A CONFIANÇA

Compreendendo o autoconhecimento

É oportuno lembrar que cada uma de nós é uma obra em constante evolução; portanto, reconhecermos nossas nuances, talentos e paixões se torna um verdadeiro ato de bravura. E o autoconhecimento é a chave essencial para abrir portas em nossa vida pessoal e profissional.

Antes de tudo, precisamos entender que o autoconhecimento não é o destino, mas um caminho. É uma dança entre o que somos e o que aspiramos ser, repleta de reflexões e questionamentos. Imagine uma mulher chamada Joanna que, após anos trabalhando em uma área que não a fascinava, decidiu parar e se perguntar: “O que realmente me faz feliz? Por que eu estou parada neste lugar tão infeliz?”. O simples ato de questionar a si mesma gerou um movimento interno que a levou a explorar suas verdadeiras paixões.

Um exercício que pode ajudar nessa busca é o de refletir sobre momentos em que você sentiu alegria genuína. O que estava fazendo? Com quem estava? Essas memórias são como pistas que indicam os seus maiores interesses e valores. Registrar suas descobertas pode proporcionar uma visão mais clara de quem você é e do que deseja, sobre o quê e quem te importa nesta caminhada. O que traz sentido?

Reconhecer que o autoconhecimento é a fundação para a construção da confiança interna é fundamental. Quando sabemos quem somos e o que desejamos, cada decisão se torna mais assertiva. Assim, a conexão entre autoconhecimento e autoconfiança se solidifica, pois uma mulher que compreende suas potências é capaz de enfrentar desafios com um olhar destemido.

Outro exercício prático é criar uma lista com cinco características que admira em si mesma. Muitas vezes podemos nos perder em defeitos e falhas, mas é essencial que voltemos nosso olhar para o que realmente brilha em nós. Ter um registro tangível da nossa força nos dá impulso em momentos mais difíceis, lembrando-nos da mulher poderosa que sempre esteve dentro de nós. Afinal, cada experiência vivida é uma parte crucial do nosso processo de autoconhecimento e confiança.

Quero que sempre se lembre desta conversa, até se cansar e ela se tornar inquestionável dentro de você. O poder do autoconhecimento nos blinda de relações abusivas na vida pessoal e profissional, oferece segurança para negociar e nos eleva a outro patamar quando em confronto com situações que não dependem de nós, mas que nos colocam em lugares embaraçosos.

Vamos lá, pegue um papel e uma caneta, ou abra o bloco de notas do seu celular. Anote um dos seus talentos em um papel e cole onde possa vê-lo diariamente, ou deixe como plano de fundo de seu aparelho. Permita que esse lembrete impulsione sempre a sua autoconfiança e a estimule a continuar sua jornada com coragem e determinação. Essa é a verdadeira arte de cultivar o autoconhecimento.

Construir a confiança interna é uma jornada que muitas mulheres enfrentam, especialmente aquelas que estão em busca de se tornarem empreendedoras. Assim, a autoconfiança não é algo que surge do nada; é um processo cultivado continuamente, nutrido pelo autoconhecimento e pela prática. Imagine-se, por exemplo, colocando-se diante de um espelho e fazendo uma afirmação simples, mas poderosa: "Eu sou capaz".

Esse tipo de afirmação pode parecer insignificante à primeira vista, mas a verdade é que palavras têm um peso enorme em nossas vidas, moldando a percepção que temos de nós mesmas e daquilo que é possível. Colocar essa força em prática por meio de ações concretas é fundamental para solidificar a autoconfiança.

Vamos olhar para um exemplo inspirador. Laura, uma jovem que sempre sonhou em abrir seu próprio negócio, tinha a paixão ardente por confeitar. Contudo, sua vontade era frequentemente eclipsada por pensamentos duvidosos e pelo medo do fracasso. Um dia, decidiu que era hora de mudar isso. Em vez de apenas sonhar, começou a participar de workshops de confeitaria e, simultaneamente, registrava cada conquista, não importando o quão pequena parecesse.

Começou a vender seus produtos em eventos locais, ouvindo as opiniões dos clientes e aprimorando suas habilidades com cada nova receita que experimentava. Não levou muito tempo para que seu pequeno negócio começasse a repercutir, passando a receber encomendas. Com isso, sua confiança cresceu. A cada feedback positivo, Laura se sentia mais segura de sua capacidade, como confeiteira, empreendedora e empresária.

É natural que existam inseguranças ao longo do caminho. Elas fazem parte do processo e se constituem em oportunidades de aprendizado. Ao tomarmos ciência de nossos medos, ao invés de escondê-los, poderemos transformá-los em passos para o alcance de nossas metas.

Converse com amigos ou mentores que compartilham e valorizam suas aspirações. Experimente expor suas ideias e projetos, riscando as barreiras do medo e abraçando a vulnerabilidade. Ao permitir-se a exposição de suas inseguranças, você se abrirá a um retorno de apoio e, muitas vezes, a conselhos valiosos que podem fortalecer sua jornada.

O fortalecimento da autoconfiança também requer um olhar atento para o lugar em que coloca seu foco e investimento. Cercar-se de pessoas que acreditam em você e a incentivam a crescer pode fazer toda a diferença. Caso precise redirecionar suas conexões, não hesite; isso é vital para o seu desenvolvimento pessoal e profissional. Afaste-se daqueles que te diminuem, daqueles que em nome de teóricas amizades desvalidam seu esforço.

Uma prática que pode incluir em sua rotina é o "autocuidado da mente". Reserve um tempo diariamente para meditar ou aprender algo novo. Não precisa ser nada gigante, pequenas pílulas diárias de aprendizado, algo que enriqueça a mente e estimule a curiosidade. Ao cultivar hábitos que elevam sua autoestima, você se enxergará mais preparada para enfrentar desafios e dar os próximos passos em direção a seus objetivos.

Encare a vida de frente, como Laura, que enfrentou seus medos e experiências e, no processo, transformou sua vida. Reconheça sua força e valor.

Acredito que, neste nível de leitura em que você chegou, já é possível perceber que a confiança interna não é só um elemento acessível, mas um verdadeiro arsenal que gera mudanças profundas ao longo de nossas buscas e conquistas.

Agora, respire fundo e siga em frente. Porque o caminho da autoconfiança é trilhado por aquelas que se atrevem a dar os primeiros passos rumo ao desconhecido. Você está mais do que pronta para isso.

Prepare-se para trabalhar com interesses e valores ao enfrentar cada novo desafio que surgir no seu caminho. Levar essa essência para a prática diária será o próximo grande passo na sua jornada de empoderamento e autoconfiança. Nesse contexto, é importante que falemos um pouco sobre a vulnerabilidade.

A VULNERABILIDADE

O poder da vulnerabilidade é um conceito que não deve ser encarado como fraqueza, mas abraçado como fonte de força e aprendizado. Ao nos abrirmos para as nossas fragilidades, começamos a desmontar as barreiras que nos isolam, criando um espaço fértil para a autodescoberta e o crescimento. Sugiro que mergulhemos nas ideias que Elizabeth Gilbert e Brené Brown, cujas pesquisas sobre vulnerabilidade, autenticidade e criatividade evidenciam seu poder transformador.

Brené foi uma importante figura na luta feminina por empoderamento, sempre destacando a importância de se abraçar a vulnerabilidade para a construção de uma vida plena e verdadeira. Ela afirma que esse conceito não consiste em um sinal de fraqueza, mas uma demonstração de coragem.

Para ela, "a vulnerabilidade é o berço da inovação, da criatividade e da mudança" (2012). Mulheres que se permitem ser vulneráveis estão mais conectadas com sua autenticidade e, consequentemente, com seu poder interior. Ela também destaca que, ao sermos autênticas, mostramos nossas imperfeições e nos abrimos para criar conexões reais e profundas.

Dessa maneira, ao invés de esconder quem somos de verdade, é na vulnerabilidade que encontramos a força para liderar, inspirar e crescer tanto pessoal quanto profissionalmente. Trata-se da autenticidade, a prática de abandonar quem achamos que deveríamos ser e aceitar quem realmente somos. Ela permite que as mulheres enfrentem os desafios da vida com coragem e compaixão, criando uma liderança mais humana e eficiente.

Você se lembra da primeira vez que se abriu sobre suas inseguranças? A sensação que se seguiu pode ter sido de medo, mas, provavelmente, também trouxe um alívio incrível.

Para Sonia, uma mulher que trabalhava em um ambiente corporativo extremamente competitivo, aceitar sua vulnerabilidade significou também alterar a sua trajetória. Ao expor seus sentimentos em uma reunião, não apenas se libertou da pressão psicoemocional que vivia, como incentivou outras mulheres a compartilharem suas próprias histórias, criando uma corrente poderosa de empatia.

Ao falarmos em autodescoberta, criatividade e busca por significado para a vida, também podemos citar Elizabeth Gilbert, autora do livro *Comer, rezar, amar*. Sua obra inspirou milhões de leitores a refletirem sobre suas próprias jornadas pessoais e contribuiu significativamente para discussões sobre a coragem de viver de forma autêntica e a importância de abraçar a incerteza e o desconhecido.

Em sua outra obra, intitulada *Grande magia: vida criativa sem medo*, explorou a natureza da criatividade, incentivando as pessoas a cultivarem seu potencial criativo sem medo de fracassos ou julgamentos, argumentando que a criatividade é um direito inato de todos e que não deve ser limitada pela pressão de sucesso ou perfeição.

Sua mensagem tem ressonado especialmente entre mulheres, muitas vezes inibidas por expectativas sociais de conformidade e sucesso linear. Gilbert também se destaca pela defesa da liberdade emocional. Em suas palestras e livros, incentiva as mulheres a ouvirem sua própria voz interior e a seguirem caminhos não convencionais em busca de uma vida mais plena e significativa.

Trata-se de um trabalho carregado de honestidade e vulnerabilidade, que tem empoderado muitas leitoras a refletirem sobre as escolhas de vida, aceitação de mudanças e reconexão com desejos e paixões. Essa contribuição, portanto, vai além da escrita; trata-se de uma defensora do empoderamento pessoal, do valor da criatividade como força transformadora e da coragem de se reinventar quantas vezes for necessário.

Falaremos agora de Sofia, que sempre achou que demonstrar vulnerabilidade a tornaria mais fraca. No entanto, ao se permitir sentir e compartilhar seus medos em um círculo de apoio, descobriu a força que vem da conexão genuína com outras mulheres. As histórias de cada uma, repletas de lutas, superações e conquistas, transformaram-se em um poderoso lembrete de que todas nós enfrentamos desafios, e que lidar com esses sentimentos pode nos unir em um propósito maior.

A incorporação da vulnerabilidade em nosso dia a dia começa com a aceitação de que é normal sentir insegurança, tristeza e dúvida. A solução não está em evitar esses sentimentos, mas em aprender a lidar com eles. Um exercício muito eficaz que pode ser praticado é o de escrever uma carta para si mesma, na qual reconhece suas vulnerabilidades, inseguranças e aquilo que deseja superar. Ao externalizar esses pensamentos, torna-se possível identificar patamares nos quais ainda é possível crescer e evoluir, sem se sentir paralisada.

É notório que vulnerabilidade, muitas vezes, acaba sendo confundida com fraqueza, mas a verdade é que se trata de uma poderosa expressão de autenticidade. Quando abraçamos nossas imperfeições, tornamo-nos mais reais e acessíveis para os outros. Isso permite que relações mais genuínas sejam formadas, criando uma rede de suporte ao nosso redor.

Não subestimemos o quanto o simples ato de compartilhar pode mudar nossa vida. Cada vez que nos permitimos ser vulneráveis, também damos aos outros a permissão para fazerem o mesmo. Isso é o que cria uma verdadeira conexão entre as pessoas. Um pequeno passo de vulnerabilidade pode transformar nossa realidade e também impactar positivamente a vida das pessoas à nossa volta.

Lembre-se: a vulnerabilidade é um traço do ser humano. Reconhecê-la e aceitá-la é um passo corajoso na construção de uma vida plena e autêntica. Ao olharmos para nossas vulnerabilidades e transformá-las em histórias de superação, começamos a abrir portas não só para nós, mas para outras mulheres que podem se sentir inspiradas pela nossa coragem.

Prepare-se para integrar essa força na sua jornada, pois a próxima etapa da sua transformação está prestes a começar. Compreender esse aspecto é um dos caminhos mais importantes para cultivarmos um autoconhecimento profundo e, assim, construirmos nossa própria confiança interna.

Integrar o autoconhecimento na prática diária é um convite à transformação contínua. Por vezes, pensamos que o autoconhecimento é uma conquista única, mas, na verdade, deve ser um processo diário. Quando você começa a compreender quem é e o que realmente deseja, o desafio se torna aplicar esse conhecimento no cotidiano.

Um método que pode ajudar a solidificar a prática do autoconhecimento é o *journaling*, já que escrever sobre emoções e experiências fornece clareza, além de servir como um registro dos progressos. Quando você escreve sobre seus objetivos, desejos e desafios, abre preceitos para o que quer para sua vida. É incrível revisar registros anteriores e observar o quanto evoluiu, o quanto já superou dificuldades que de certa forma pareciam impossíveis de serem superadas ou ressignificadas.

Outro aspecto importante ao integrar o autoconhecimento é a autocompaixão. Às vezes, ao causar um erro ou não atingir determinada meta, tendemos a aplicar uma crítica severa a nós mesmas; é aqui que a autocompaixão entra como um bálsamo. Olhar para si mesma com doçura e compreensão é o que faz toda a diferença nesse caminho. Pense em como você encorajaria uma amiga em uma situação semelhante e trate-se da mesma forma.

Praticar a gratidão também deve estar no nosso repertório diário. À medida que nos dedicamos a reconhecermos as pequenas vitórias, como ter acordado mais cedo ou concluído uma tarefa considerada difícil, esse reconhecimento reforça nosso sentimento de confiança e valor. Uma prática simples é anotar três coisas pelas quais você se sente grata a cada noite. Essa pequena reflexão ao final de cada dia fecha o ciclo do aprendizado e da evolução.

Além disso, é crucial que não hesite em buscar suporte. Nessa perspectiva, conversar com mulheres que compartilham de desafios semelhantes cria um ambiente propício à sua realidade e anseios, já que, muitas vezes, elas podem oferecer perspectivas e estratégias que você ainda não havia considerado. É na troca que nasce a força. Portanto, não carregue esse fardo sozinha; busque construir uma rede de apoio que valorize a jornada de autoconhecimento.

Por fim, use o seu autoconhecimento para tomar decisões assertivas. Quando há clareza sobre o que deseja, fica mais fácil alinhar suas ações com seus valores e objetivos. Criar um plano de desenvolvimento pessoal é uma excelente maneira de colocar tudo isso em prática. Estabeleça metas de curto e longo prazo, e não deixe de conferir seu progresso regularmente. Quando você estabelece marcos torna-se muito mais fácil celebrar o que conquistou e se motivar para continuar.

É hora de levar essa reflexão para sua vida e permitir-se ser a protagonista da sua história.

08

TOMADA DE DECISÃO E IMPLEMENTAÇÃO DE MUDANÇAS EFICAZES

A ARTE DA TOMADA DE DECISÃO

Quando se fala em tomar decisões, muitas vezes podemos sentir um frio na barriga. A mente se enche de perguntas como: "Estou realmente fazendo a escolha certa? E se algo der errado?". Essas dúvidas podem ser paralisantes, mas é fundamental perceber que o processo decisório é uma arte, e dominá-lo pode trazer grandes benefícios à nossa vida pessoal e profissional.

Por outro lado, as emoções têm um papel essencial em nossas escolhas. Temos aqui Nathália que, ao decidir mudar-se para outro país em busca de novas oportunidades, considerou em seu planejamento não apenas os números, mas também como se sentia em relação às amizades que formou ao longo do caminho. Com isso, não somente decidiu, mas o fez com a certeza de que estava na direção certa para a felicidade naquele destino.

Gosto de explorar a importância da intuição. Às vezes, nós precisamos nos ouvir, dar valor àquela sensação indefinida que nos diz se estamos indo bem ou não. As grandes líderes, muitas vezes, relataram ter seguido sua intuição em momentos críticos, e isso não é apenas uma visão romântica da jornada; suas decisões foram guiadas por algo mais profundo.

Evidenciar o papel da intuição em momentos cruciais é vital. Imagine que você esteja em uma encruzilhada profissional, na qual duas oportunidades são igualmente atraentes. Ao buscar a resposta, constata que aquilo que funciona não é apenas a lógica, mas, muitas vezes, escutar o que sua voz interna tem a dizer. Não subestime o poder de ouvir seu coração nesse momento.

Estamos seguindo um caminho no qual decisões são cotidianas. Abrir esse espaço de reflexão cria uma conexão direta com o que somos e com o que valorizamos. Você está pronta para fazer isso? Reserve um momento. Pense sobre uma decisão importante que precisa tomar ou um caminho que deseja seguir. O que vem à mente primeiro? É explicável? Ou é uma sensação que não consegue nomear? Suas respostas te direcionarão para o próximo passo e a ajudarão a perceber que cada escolha é uma oportunidade de crescimento.

O interessante sobre as decisões é que, mesmo quando escolhemos errado, sempre há um aprendizado. Cada falha se transforma em uma lição que nos fortalece e nos prepara para o próximo desafio. Em termos práticos, como você se sente em relação às suas decisões do passado? Você consegue reconhecer em que momentos aprendeu e cresceu com elas? Esse exercício mental molda tanto o presente quanto o futuro.

Trago aqui um convite: da próxima vez que se deparar com uma escolha, não tema a incerteza, abrace-a. A beleza do processo pode estar na capacidade de aprender com todos os caminhos que escolhermos. Afinal, o verdadeiro artista da ação é aquele que vê cada decisão, não como uma sentença definitiva, mas como uma pincelada na complexa obra de arte que é sua vida. É na imperfeição e na experimentação que encontramos a verdadeira maestria no processo decisório.

Além disso, ainda iremos explorar ferramentas práticas que podem auxiliar na sua vivência desse processo. Destaco que, muitas vezes, confrontadas com escolhas desafiadoras, as mulheres se sentem sobrecarregadas pelo peso de cada opção, e é precisamente nesses momentos que recursos eficazes podem fazer a diferença.

Comecemos pela matriz de priorização, a mesma técnica utilizada anteriormente no livro, chamada de Matriz de Eisenhower. Essa ferramenta é uma maneira eficaz e visual de organizar as opções disponíveis, analisando cada uma delas em relação à sua relevância. Imagine que você está decidindo entre duas oportunidades de trabalho distintas. Ao construir a matriz, listará os critérios que julga importantes – como salário, crescimento profissional, alinhamento com seus valores e qualidade de vida. Cada opção será avaliada e você verá, de forma clara, a alternativa que se destaca.

Para criar sua matriz de priorização, siga estes passos simples:

1. **Identifique suas opções**: liste todas as alternativas que está considerando.
2. **Defina seus critérios**: crie uma coluna para cada critério que você considera importante.
3. **Avalie e classifique**: dê notas de um a cinco para cada opção em cada critério, sendo cinco a melhor pontuação.
4. **Some os resultados**: calcule a pontuação total para cada opção e observe qual delas se destaca.

Essa abordagem pretende simplificar o processo decisório, além de proporcionar um espaço para reflexão que pode ajudar a validar seu próprio instinto. Ao final, você deverá sentir uma clareza maior sobre sua escolha.

Outra ferramenta igualmente poderosa é o mapa mental. Essa técnica é uma forma criativa de organizar informações e visualizar conexões entre ideias. Ao optar por ele, você se permite explorar uma decisão de maneira não linear, o que é particularmente útil para mentes criativas e intuitivas.

Para começar a trabalhar com mapas mentais, siga este roteiro:

1. **Centralize uma ideia**: no centro de sua folha, escreva a decisão que precisa tomar.
2. **Adicione ramificações**: para cada ramificação, escreva diferentes fatores que influenciam essa decisão, como prós, contras e possíveis consequências.
3. **Use cores e imagens**: quanto mais visual for, mais fácil será para sua mente processar as informações. Utilize diferentes cores e desenhe ícones que representem suas emoções ou ideias.
4. **Conecte conceitos**: não hesite em conectar ideias que têm relevância uma para a outra, de forma que novas soluções e perspectivas possam emergir.

A beleza dessa ferramenta encontra-se na liberdade proporcionada para explorar suas opções, criando um fluxo natural de pensamento que pode iluminar aspectos que você ainda não havia considerado.

Já a combinação dessas duas opções – a Matriz de Eisenhower e os mapas mentais – pode facilitar o processo decisório, permitindo a abordagem de suas escolhas com maior confiança e inteligência emocional. Ao se sentir sobrecarregada, lembre-se: a sua voz interna é um dos maiores recursos que você possui. Confie nela, mas tenha em mente que o conhecimento e a estrutura também são aliados valiosos.

Agora, agarre-se a esse conhecimento prático e permita que essas ferramentas se tornem parte da sua jornada decisória. Abrace a complexidade e a beleza de suas escolhas, e siga em frente com clareza e propósito. Você está mais do que pronta para fazer essas mudanças que deseja!

Pense sempre que a tomada de decisões é uma habilidade crucial na vida de qualquer pessoa, especialmente para aquelas que estão em busca de se destacar em suas jornadas pessoais e profissionais.

Ainda neste bloco, vamos nos aprofundar na prática de elaborar listas de prós e contras, uma ferramenta simples, mas extremamente eficaz na hora de decidir. Esta técnica pode parecer trivial, porém sua aplicação consciente se traduz em grande clareza e autoconfiança.

Imagine-se, então, em uma encruzilhada. Você tem duas ofertas de emprego que parecem igualmente atraentes. Qual delas aceitar? O primeiro passo é anotar os prós e contras de cada opção. Ao fazer isso, você organiza seus pensamentos e também consegue visualizar as consequências de cada escolha de maneira mais objetiva.

Para começar, pegue um papel e uma caneta. Na parte superior, escreva o nome de cada oportunidade. Em seguida, desenhe duas colunas: uma para os prós e outra para os contras. Não se limite apenas à lógica; ouça suas emoções durante esse processo. Uma questão pode surgir: "O que eu realmente desejo com essa experiência?", e isso deve ser refletido em suas anotações.

Por exemplo, se uma das ofertas oferece um elevado salário, mas exige longas horas, anote isso como um "pró" e "contra" simultaneamente. Cada item na lista deve ser avaliado sob a luz do que é mais importante para você – qualidade de vida ou realização profissional?

Após completar suas listas, tire um tempo para refletir. Olhe para cada ponto e pergunte-se: "Os prós superam os contras? Como me sinto com relação a isso, agora que vi tudo escrito aqui?". Não subestime o poder do silêncio. Algumas das melhores decisões surgem após um período de contemplação, quando você já se distanciou da pressão imediata da escolha a ser feita.

Além disso, outro exercício interessante é a simulação de possíveis cenários. Imagine como seria sua vida em cada uma das opções que você está considerando. Crie mini histórias mentais: visualize seu dia a dia em cada emprego, como seria a rotina, as pessoas ao seu redor, o ambiente de trabalho. Isso não só traz um novo ângulo de análise, mas, muitas vezes, a faz perceber o que realmente deseja. Sentimentos e intuições podem se revelar nesse processo, antecipando o impacto da escolha que está prestes a fazer.

Essa prática de realizar anotações e antecipar as consequências de suas decisões proporciona uma sensação de controle e ainda reforça a segurança de ter feito sua parte para garantir que está escolhendo corretamente. Empodere-se com cada lista que criar e cada decisão que tomar.

Ao final deste bloco, quando refletir sobre a decisão que você precisa tomar, lembre-se de que cada escolha é uma oportunidade de aprendizado. Não tenha medo do erro; eles são apenas um passo na direção da sabedoria. A prática de elaborar listas combinada à visualização e simulação modifica a forma como nos relacionamos com nossas decisões, tornando o processo mais consciente e eficaz. O empoderamento começa com a capacidade de agir com confiança e determinação, abrindo as portas para uma nova fase em sua trajetória.

Implementar mudanças significativas em qualquer aspecto de nossa vida, especialmente após realizarmos escolhas, pode parecer uma tarefa hercúlea. Entretanto, quando estruturamos nosso caminho e estabelecemos um plano de ação claro, podemos transformar cada intenção em ação concreta. A seguir, exploraremos etapas cruciais para efetivar as mudanças desejadas, por meio de exemplos inspiradores de mulheres que trilharam esse caminho.

A primeira etapa para a implantação bem-sucedida de uma mudança é o planejamento. Visualizar onde queremos chegar é essencial. Vamos considerar o exemplo de Marta, uma empreendedora que sempre sonhou em expandir seu negócio de moda sustentável. Depois de uma profunda reflexão e pesquisa de mercado, decidiu que era o momento de levar sua marca para um público mais amplo. O primeiro passo foi elaborar um plano de negócios detalhado.

Marta começou dividindo suas metas em objetivos menores, que eram específicos, mensuráveis, alcançáveis, relevantes e temporais (SMART). Ao delinear cada uma de suas metas, desde o aumento do número de seguidores nas redes sociais até a abertura de um novo ponto de venda, foi capaz de enxergar a estrada à sua frente de forma mais clara.

Depois de criar seu plano, é essencial executá-lo com consistência. Isso significa que os pequenos passos dados diariamente são mais importantes que grandes saltos esporádicos. Assim, Marta decidiu dedicar algumas horas diárias para trabalhar em diferentes aspectos do seu negócio – seja criando conteúdo para suas redes sociais ou pesquisando novos fornecedores sustentáveis. Essa rotina a ajudava a manter o foco e a motivação, algo que é essencial quando se busca concretizar uma mudança significativa.

Outra etapa vital nesse processo é manter a flexibilidade. Muitas vezes, mesmo os melhores planos precisam de ajustes. Durante sua jornada, Marta enfrentou desafios inesperados, como a pandemia, que a forçou a mudar sua abordagem de vendas. No entanto, em vez de se deixar desanimar, adaptou seu plano inicial para incluir vendas on-line e campanhas de marketing digital, conseguindo manter sua relevância no mercado, e ainda crescer.

Vemos que a prática de reflexão pós-implementação é igualmente importante. Após a execução de cada parte de seu plano, Marta dedicava um tempo para avaliar o que funcionou, o que não funcionou e o porquê. Essa prática a ajudou a olhar para suas experiências como oportunidades de aprendizado – como resultado, cada erro era uma parte crucial do processo de crescimento e aprimoramento.

A partir dessa história, encorajo você a adotar essa abordagem em sua própria vida. Após decidir por uma mudança, defina seu plano de ação. Pergunte a si mesma: "Quais são os passos que me levarão ao meu objetivo?". Crie uma lista e coloque-a em prática; não tente fazer tudo de uma vez. Pelo contrário, concentre-se em pequenos passos que pode dar todos os dias. Ao final de cada semana, faça uma revisão de suas ações. O que funcionou? O que pode ser melhorado?

Além disso, não se esqueça da importância da celebração das pequenas vitórias. Isso pode elevar sua moral e reforçar sua determinação. Celebrações não precisam ser extravagantes, um simples ritual de escrever suas conquistas no papel ou compartilhar com amigos já proporciona a sensação de realização.

Neste caminho de transformação, encontre aliados. Quando falamos sobre mudanças significativas, é fundamental contar com uma rede de apoio. Marta, por exemplo, começou a se conectar com outras empreendedoras que enfrentavam desafios semelhantes. Juntas, formaram um grupo que se reunia regularmente para trocar ideias e motivar umas às outras.

Como funcionamos em coletivo, ter pessoas que acreditam em nós e na nossa visão pode fazer uma diferença enorme; elas oferecem suporte emocional, ideias inovadoras e, muitas vezes, a motivação necessária quando os ventos desapontadores aparecem.

Ao finalizar este bloco, reflitamos sobre o impacto que essas ações têm gerado na nossa vida e carreira até aqui. O processo de mudança é contínuo e, assim como Marta, a persistência e a disposição de se adaptar são os verdadeiros alicerces para uma jornada de sucesso. Lembre-se: cada passo conta, cada decisão importa e cada pequena vitória é um passo em direção a quem você realmente deseja se tornar.

09

A IMPORTÂNCIA DO AUTOCUIDADO NA JORNADA EMPREENDEDORA

Compreendendo o autocuidado como fundação do sucesso

O conceito de autocuidado pode facilmente ser mal interpretado como algo superficial ou, até mesmo, egoísta. Entretanto, quando o mencionamos no contexto da vida de uma empreendedora, revela-se como um pilar fundamental para a verdadeira realização, tanto no âmbito pessoal quanto profissional, já que cada vez mais estudos mostram que o bem-estar e a produtividade caminham de mãos dadas. Dessa forma, quando cuidamos de nós mesmas, somos capazes de dar o nosso melhor em tudo o que fazemos.

Definir esse termo não é uma tarefa simples, pois abrange uma vastidão de ações e reflexões. É reconhecer que nossa saúde física, mental e emocional deve ser tratada com carinho e prioridade. No entanto, a rotina exaustiva, somada à busca incessante pelo sucesso, com frequência nos empurra a priorizar o trabalho em detrimento do autocuidado. Contudo, ao olharmos para a jornada de mulheres bem-sucedidas, que aprenderam a equilibrar essas áreas, percebemos sua importância.

Essa investigação traz à tona relatos inspiradores. Imagine, por exemplo, uma empreendedora que, ao perceber sua exaustão física e mental, decidiu encaixar sessões diárias de meditação em meio à correria. O resultado foi uma melhora significativa na clareza mental, criatividade e, consequentemente, na performance do seu negócio. A prática do autocuidado não é apenas uma pausa; é uma recarga essencial que nos prepara para enfrentar desafios.

Além disso, a conexão entre autoconhecimento e autocuidado não pode ser subestimada. Aprofundar-se nas próprias emoções, limites e necessidades é um passo crucial para implementá-lo.

Muitas mulheres ainda carregam o peso da ideia de que cuidar de si é um privilégio, quando, na verdade, é uma necessidade vital para que possam servir melhor seus projetos e suas famílias. Ao olharmos com atenção para nossas experiências e identificarmos momentos em que negligenciamos nossas necessidades, podemos começar a acessar um espaço de compaixão e compreensão de que precisamos ser priorizadas em nossas próprias vidas.

Convido-a agora a refletir: o que te move? O que realmente faz seu coração bater mais forte? Esta é a hora de aprender a ouvir sua voz interna. Ao fazer isso, você cultivará o autocuidado e, ao mesmo tempo, experimentará um despertar profundo que a levará a seguir sua própria jornada com mais autenticidade e propósito.

Portanto, abrace essa conversa voltada ao autocuidado; ela não é apenas sobre você, é também sobre o impacto positivo que pode gerar em todas as áreas da sua vida. Na luta pela realização dos seus sonhos, lembre-se de que cuidar de si mesma é a melhor forma de garantir que nunca perca esse brilho especial que só você possui.

Incorporá-lo em sua rotina pode parecer um grande desafio, especialmente na correria do dia a dia, mas vamos explorar algumas estratégias práticas que farão toda a diferença na sua jornada como empreendedora.

Para começar, é fundamental adotar práticas de mindfulness (ou atenção plena) que se conectem com seu ritmo de vida. Trata-se de uma técnica que ajuda a manter a consciência do momento presente e pode ser incorporada em pequenas pausas diárias.

Que tal reservar apenas cinco minutos ao acordar para se concentrar em sua respiração? Sente-se em um lugar tranquilo, feche os olhos e respire profundamente, permitindo que a calma se instale. Essa simples prática pode revigorar sua mente e prepará-la para os desafios que surgirão.

Além da meditação, a respiração consciente também é uma poderosa ferramenta. Experimente fazer uma pausa durante o dia e, ao inalar, conte até quatro; segure a respiração, também contando até quatro e, em seguida, exale lentamente contando até quatro novamente. Esse ciclo ajuda a reduzir a ansiedade e aumenta o foco, permitindo que você enfrente seus desafios com clareza e calma.

Quando falamos em autocuidado, não podemos ignorar a importância da atividade física. Focar no que traz prazer é essencial. Se você não se sente atraída por treinos em academias, opte por dançar, caminhar em um parque ou praticar ioga. O importante é encontrar uma atividade que faça você se sentir leve e viva. O exercício físico libera endorfinas, os famosos hormônios da felicidade, e essas pequenas doses de prazer se traduzirão em maior produtividade e motivação na sua vida profissional.

A alimentação equilibrada também é fundamental para o bem-estar. Como mulheres empreendedoras, muitas vezes caímos na armadilha de praticar uma alimentação acelerada e inadequada, mas isso pode ser ajustado. Prepare lanches saudáveis para os dias corridos. Frutas, nozes e barras de cereais caseiras são ótimas opções para levar na bolsa e consumir ao longo do dia, ajudando a manter seu nível de energia e concentração elevados.

Ainda é crucial que sejamos gentis com nós mesmas. Lembre-se de que o autocuidado não é apenas uma atividade, é um estilo de vida. Ao longo de suas semanas, crie momentos dedicados a si, mesmo que pequenos. Pode ser um banho relaxante após um dia cansativo, a leitura de um livro que ama ou a prática de um hobby. Essas pequenas investidas em nosso bem-estar emocional fazem uma diferença imensurável na forma como encaramos os desafios.

Inicie essa jornada hoje. Escolha como vai se cuidar a partir de agora. Monte uma rotina que inclua práticas de autocuidado e, aos poucos, irá notar como sua vida pessoal e profissional se transformam. Cuidar de si mesma é a ponte para o sucesso que tanto almeja! A escolha é sua e a mudança agraciará cada aspecto da sua vida.

Percebemos que incorporar o autocuidado na jornada empreendedora é uma prática que tem o potencial de transformar a vida profissional e a pessoal. Exploraremos histórias inspiradoras de mulheres que tiveram suas vidas impactadas ao priorizarem o autocuidado, evidenciando integralmente suas experiências de transformação.

Veja a história de Maria, uma trabalhadora dedicada que gerencia seu pequeno café no centro da cidade. A sua paixão pelo trabalho começou a se deteriorar quando a exaustão se fez presente. Durante meses, ela ignorou os sinais de que precisava cuidar melhor de si mesma, levando sua saúde e seu coração ao limite. Certa manhã, ao se olhar no espelho, percebeu que a tristeza em seus olhos impedia que houvesse alegria no seu sorriso.

Decidida a mudar sua trajetória, Maria começou a implementar pequenas práticas de autocuidado em sua rotina diária. Reservou um tempo todas as tardes para apreciar uma xícara de chá enquanto lia um livro, experiência essa que antes era considerada um luxo. Com o passar do tempo, sua saúde mental melhorou e a energia que irradiava começou a atrair mais clientes para o seu café. As pessoas não apenas buscavam o que ela produzia, mas sentiam-se acolhidas pelo ambiente, agora tranquilo e inspirador.

Outra narrativa marcante é a de Ana, que se sentiu sufocada pela pressão de ser líder em uma empresa em crescimento. A rotina incessante a levou a negligenciar sua vida pessoal e seus hobbies. Foi durante um passeio no parque, em um domingo ensolarado, que decidiu que algo precisava mudar. Consciência e autocuidado se tornaram parte vital da sua nova estratégia. Ela começou a fazer caminhadas diárias e a participar de aulas de dança, o que gerou bem-estar físico e a ajudou a se sentir mais conectada consigo mesma.

Com o tempo, o novo equilíbrio trouxe uma visão renovada para seu trabalho. Ana começou a introduzir práticas de autocuidado em sua equipe, incentivando pausas durante o expediente e criando um espaço dedicado ao relaxamento no escritório. O resultado? A produtividade aumentou, assim como a satisfação dos colaboradores. Essa transformação provou que priorizar o autocuidado não era um ato de egoísmo, mas um investimento em si mesma e naqueles ao seu redor.

Ainda temos o exemplo de Cláudia que, ao enfrentar a pressão e a insegurança de ser uma mãe empreendedora, percebeu que precisava reformular sua rotina. Em vez de se sobrecarregar com responsabilidades, optou por integrar atividades de autocuidado que alimentavam sua alma, como a pintura e o ioga. Essa mudança a ajudou a clarear sua mente, trazendo novas perspectivas na maternidade. Cláudia percebeu que ao se cuidar, era capaz de construir uma relação mais significativa com seus filhos, transmitindo a eles a importância de se priorizar.

Essas histórias revelam que o autocuidado não deve ser visto como um luxo, mas uma necessidade para que possamos continuar focadas em nossos objetivos. Ao cuidarmos de nós mesmas, conseguimos formar um ambiente de trabalho mais saudável e uma vida pessoal mais equilibrada. Além disso, quando nos permitimos desacelerar e refletir, encontramos a clareza que se torna fundamental para nossa trajetória empreendedora e nos concede resiliência para enfrentarmos os desafios que surgem.

Ao identificarmos o valor e a importância do autocuidado, começamos a quebrar os estigmas associados à sua prática. É preciso entender que nos cuidarmos é um ato revolucionário que pode inspirar outras mulheres ao nosso redor. Desse modo, podemos formar uma comunidade de apoio na qual essa prática se torna um lugar comum, promovendo trocas valiosas e experiências enriquecedoras entre mulheres empreendedoras.

Enquanto você caminha por sua própria jornada, lembre-se das histórias inspiradoras de Maria, Ana e Cláudia. Cada uma encontrou sua força por meio do autocuidado e, sem dúvida, você pode fazer o mesmo. Empodere-se e permita-se trilhar esse caminho junto a outras mulheres, construindo um futuro no qual o cuidado com o eu e o crescimento pessoal sejam a regra, não a exceção.

Criar um cronograma pessoal de autocuidado é uma ferramenta poderosa para quem deseja se reconectar com suas necessidades e encontrar o equilíbrio, elementos essenciais em nossa vida empreendedora. Neste exercício, elaboraremos um plano que nos permita integrar prazeres e cuidados essenciais no dia a dia, ajustando a rota para que o autocuidado se torne uma prioridade.

Em primeiro lugar, devem ser listadas as categorias que desejamos incluir em nosso cronograma. Isso pode abranger, mas não se limita, ao autocuidado emocional, físico e espiritual. Cada uma dessas categorias é fundamental para o nosso bem-estar geral e deve ser considerada na hora de planejar as atividades. Aqui estão algumas ideias:

» **Autocuidado emocional**: dedique um tempo à autoconsciência e à reflexão. Isso pode ser feito por meio da escrita em um diário, onde você pode expressar suas emoções e pensamentos.

» **Autocuidado físico**: inclua atividades que promovam sua saúde física, como exercícios regulares, caminhadas ao ar livre e alimentação saudável. Opte por uma atividade que você gosta, para que se mantenha motivada.

» **Autocuidado espiritual**: pode ser meditação, práticas de gratidão ou momentos de desconexão para se reconectar com seu eu interior. Você pode incluir desde momentos de silêncio até a apreciação da beleza ao seu redor.

Após definir suas categorias, comece a estruturar o cronograma. Para que ele funcione, a realização deve ser prática e alcançável. Aqui está um formato simples para começar:

1. **Escolha um dia da semana**: reserve um tempo a mais para dedicar a esta tarefa. Pode ser no domingo, por exemplo, que você utilizará para planejar a semana seguinte.
2. **Defina os horários**: ao longo de sua semana, procure encaixar pequenas janelas para se dedicar a cada aspecto do autocuidado. Utilize lembretes em seu celular ou notas autoadesivas em locais visíveis para guiar suas ações.

3. **Estabeleça metas realistas**: assegure-se de que cada atividade no cronograma seja viável. Comece com o que é fácil, para que você não desanime. Se ainda não faz exercícios, por exemplo, comece com uma caminhada de 15 minutos, em vez de se comprometer com um treino completo.
4. **Reflita e ajuste**: ao final de cada semana, reserve um tempo para refletir sobre o que funcionou e o que pode ser melhorado. Isso não é só uma revisão, é um ajuste contínuo nas suas necessidades.
5. **Celebre as pequenas vitórias**: cada vez que você completar uma tarefa do seu cronograma, encontre uma pequena maneira de reconhecer isso. Pode ser uma pausa para tomar um chá ou assistir a um episódio de sua série favorita. Tais momentos de recompensa são essenciais para fortalecer o compromisso com o autocuidado.

A prática da reflexão e da autoavaliação é outra parte integrante dessa atividade. Reserve algum tempo a cada mês para revisar o que funcionou ou não em seu cronograma. Pode ser útil fazer anotações sobre como cada item afeta seu humor e produtividade. Essa reflexão não apenas moldará seu cronograma, mas a ajudará a se entender melhor, reconhecendo o que realmente torna você feliz e revigorada.

Lembre-se de que a autocelebração é parte importante desse processo. Ao valorizar cada momento dedicado a algo importante que você conquistou, finalizou ou construiu, você cria um ciclo de positividade que reforça seus esforços. Faça disso um hábito que contribui em suas conquistas, estabelecendo um serviço vital de autocuidado que a guiará na jornada empreendedora.

Após incorporar essas práticas em sua vida, observe as mudanças que começam a acontecer. Você perceberá que, com mais energia e clareza, será capaz de enfrentar desafios com resiliência. O autocuidado não é apenas um momento; é um estilo de vida que transforma a maneira como nos vemos e lidamos com nossos negócios e relações. É o combustível que nos levará além, ao coração do sucesso que desejamos conquistar.

Faça isso por você e comece um cronograma de autocuidado que possa honrar e manter. O que faz por você mesma importa, e essa é a chave para um futuro brilhante e cheio de realizações.

Essas orientações e reflexões visam garantir que o autocuidado não seja apenas um conceito, mas uma prática que se torna parte integrante da sua vida empreendedora, promovendo o bem-estar e o sucesso que tanto almeja.

10

CELEBRANDO AS PEQUENAS VITÓRIAS E AJUSTANDO O CAMINHO

A IMPORTÂNCIA DE RECONHECER VITÓRIAS DIÁRIAS

Vivemos em um mundo no qual as grandes conquistas frequentemente levam todos os holofotes, enquanto as pequenas vitórias são negligenciadas, como se não tivessem importância. Porém, a realidade é que o reconhecimento dos êxitos menores é o que realmente alicerça a construção de uma mentalidade positiva e motivacional. Esse processo enriquecedor é essencial para a jornada empreendedora. Ao celebrarmos essas pequenas conquistas, criamos um ciclo virtuoso que propulsiona nossa autoconfiança e determinação.

Considere, por exemplo, a história de Júlia, uma empreendedora que começou a sua jornada com um pequeno ateliê de artesanato. Para ela, o primeiro pedido realizado foi muito mais do que retorno financeiro; representava um passo à frente em sua jornada. Ao reconhecer essa pequena vitória, ela se permitiu celebrar. Uma simples ação fez com que seu entusiasmo crescesse e a motivação a impulsionasse a trabalhar ainda mais, criando novos designs e se dedicando com paixão ao seu sonho.

Estudos revelam que a busca pelo reconhecimento de tais conquistas pode ter um impacto significativo na saúde mental e na produtividade. Segundo a psicologia positiva, a celebração de sucessos, por menores que sejam, ativa o sistema de recompensa do cérebro, liberando dopamina. Essa substância química, muitas vezes chamada de "hormônio da felicidade", é fundamental para manter nossa energia, foco e disposição. Dessa forma, o ato de pausar e reconhecer nossas pequenas vitórias fortalece a autoconfiança e eleva a nossa capacidade de lidar com desafios.

Como mulheres empreendedoras, frequentemente nos deixamos consumir pela rotina, esquecendo-nos de olhar para trás e reconhecer o quanto já conquistamos. Agora, é o momento de inverter essa situação. Reserve instantes ao longo do seu dia para refletir sobre seus pequenos êxitos. Pode ter sido a conclusão de uma tarefa que parecia difícil, a assinatura de um novo contrato ou, até mesmo, ter mantido a organização do seu espaço de trabalho. Todos esses momentos são motivo de celebração!

Inspire-se nas experiências de outras empreendedoras que transformaram sua jornada ao reconhecerem e celebrarem as pequenas conquistas. Bom exemplo disso é Marina, que sempre registrava em um diário cada pequeno objetivo alcançado. Um dia, decidiu criar uma parede cheia de notas autoadesivas coloridas, nas quais anotava suas conquistas diárias. Essa prática a ajudou a manter o foco e a transformar desafios em oportunidades. Quando se deparava com adversidades, ela olhava para sua parede e relembrava tudo que já havia conquistado.

Agora, pense: como você pode implementar essa prática na sua rotina? Talvez iniciar um diário de vitórias, um mural ou, até mesmo, compartilhar com amigos. O importante é encontrar um método que ressoe com você e com aquilo que está construindo. Essas celebrações não são como balões que estouram; são como as sementes que plantamos, brotando aos poucos e nos dando força para continuar avançando.

Convido-a, agora, para fazer um exercício. Pare por um momento e anote três pequenas vitórias que teve nos últimos dias. Não subestime a importância delas! Cada uma, por menor que pareça, é um tijolo na construção da sua visão empreendedora. Celebrá-las é reconhecer o seu progresso e permitir que as energias positivas se multipliquem, fomentando o crescimento que tanto deseja.

Portanto, ao longo da sua jornada empreendedora, lembre-se de que as celebrações não devem ser raras. Torne-as parte do seu cotidiano e observe como essa atitude transforma sua perspectiva e fortalece sua determinação. Refletir sobre o caminho percorrido é essencial para cada empreendedora que almeja não apenas o sucesso, mas também o aprendizado contínuo ao longo da jornada. É nesse ciclo de reflexão que se encontra o verdadeiro poder do autodesenvolvimento. Reconhecer cada conquista, independentemente do seu tamanho, é o primeiro passo para formar uma base sólida na construção dos seus objetivos.

Imaginemos que você criou um diário de bordo no qual, ao final de cada dia, dedica alguns minutos a anotar três coisas que considerou vitórias: pode ser desde a finalização de uma tarefa que demandou horas de concentração até o feedback positivo de um cliente. Cada registro proporciona ao cérebro um momento de celebração, uma pausa em meio aos desafios diários. Essa prática simples, mas poderosa, irá gradualmente cimentar a mentalidade positiva em você.

Agora, trazendo à tona a importância de avaliar as dificuldades, pense nos erros cometidos ao longo do caminho. Naqueles desperdícios de tempo, decisões de negócios que não foram as mais acertadas... Todos nós enfrentamos obstáculos. Contudo, ao invés de vermos esses episódios como falhas, adotemos uma nova lógica: consideremo-los como lições.

Em cada erro reside uma sabedoria que, se bem aproveitada, é capaz de favorecer a nossa jornada. Aqui, a abordagem de Carol Dweck sobre mentalidade de crescimento se faz necessária, enfatizando que a forma como encaramos os erros molda as nossas atitudes e crenças futuras.

Reavaliar constantemente o caminho significa também ser flexível. Cada meta estipulada pode precisar de ajustes – e isso é perfeitamente normal. Criar uma análise SWOT, que contempla forças, fraquezas, oportunidades e ameaças do seu empreendimento pode ser extremamente útil. Isso permitirá enxergar os aspectos positivos da sua trajetória, além de quais pontos pode melhorar. Tal análise auxilia na compreensão de que não é necessário ter todas as respostas imediatamente; a evolução é um processo contínuo e a disposição para aprender e se adaptar é o que realmente importa.

À medida que você se permitir ajustar e reformular seus planos, perceberá que erros e desafios não são opostos do sucesso, mas parte integrante dele. Cada passo e correção de rota são elementos que enriquecem sua narrativa e fortalecem sua resiliência. O verdadeiro crescimento ocorre na interseção entre a ousadia de arriscar e a reflexão sincera sobre o que funcionou e o que pode ser aprimorado.

Portanto, ao avançar, celebre suas vitórias, reflita sobre suas experiências e esteja sempre disposta a ajustar o seu caminho. Por meio desse processo, você se conecta com sua missão e encontra a sinergia que alimenta sua paixão e determinação em ser a empreendedora que sempre sonhou!

Outra opção que trago é a criação do mural de conquistas, já mencionado anteriormente, como forma incrivelmente poderosa de visualizar sucessos e criar uma atmosfera duradoura de positividade e motivação. Essa ferramenta se torna não apenas um espaço físico, mas a representação visual do seu progresso e das metas que está buscando. Vamos explorar juntas como criar o seu.

Primeiramente, encontre um espaço apropriado em sua casa ou escritório, que possa ser dedicado ao seu mural. Pode ser uma parede livre, um painel de notas ou até mesmo uma parte da sua mesa. O ideal é que esse espaço seja visível e acessível, pois precisará interagir com ele com frequência. A escolha do local é crucial, pois deve inspirar e evocar sentimentos positivos toda vez que olhá-lo.

Definido o local, pense nas ferramentas e materiais que precisará, como papel, canetas coloridas, tesoura, fita adesiva, colagem, ou qualquer elemento decorativo que faça seu coração bater mais forte, como fotos, recortes de revistas, frases inspiradoras e citações que ressoem com seu propósito. O uso de cores vibrantes pode estimular sua motivação e ajudar a criar uma energia positiva ao seu redor.

Agora, é o momento de colecionar suas vitórias. Pense em tudo que já conquistou, desde algo mais simples até o mais impactante. Cada pequeno sucesso é um degrau na escada do seu crescimento e merece ser celebrado! Escreva ou imprima cada uma dessas vitórias e as coloque de forma criativa no seu mural. Ao fazer isso, os sucessos estarão constantemente em sua linha de visão, lembrando-a do seu potencial e capacidade de superação.

Além de suas conquistas, considere incluir metas futuras que está buscando. Isso pode ser tão simples quanto "concluir aquele curso" ou "lançar meu produto". Ao escrevê-las, essas metas se tornam mais tangíveis e ajudam você a manter o foco. Use imagens ou recortes que simbolizem essas aspirações; por exemplo, uma foto de um lugar que sonha em visitar ou o logotipo de uma empresa que admira.

Outro elemento importante a ser adicionado é o espaço para reflexões e aprendizados. Inclua um segmento em que possa anotar os momentos desafiadores que enfrentou, as lições aprendidas e como cada obstáculo contribuiu para seu crescimento. Isso não só promove o autocuidado e a autoanálise, mas também transforma as dificuldades vividas em tijolos de construção para suas próximas realizações.

Acompanhe o progresso do seu mural ao longo do tempo. À medida que atinge seus objetivos e celebra suas vitórias, deve atualizá-lo. Remova itens que já não fazem mais parte da sua jornada e adicione novas conquistas ou metas. Esse cuidado constante permitirá que ele siga evoluindo com você, refletindo sua trajetória e crescimento contínuo.

Por fim, lembre-se de interagir com seu mural regularmente. Reserve um tempo toda semana para observá-lo, para relembrar sua jornada e motivar-se por suas conquistas e objetivos. Sinta-se livre para fazer ajustes sempre que necessário!

Essa criação é uma prática que não se limita ao espaço físico, mas uma afirmação do seu percurso, um compromisso ativo com seu crescimento e a constante celebração de duros esforços, motivações e resiliência. Com ela, você terá sempre em vista o quanto já conquistou e o que ainda pode alcançar. É como ter um lembrete constante do seu potencial e propósito, um verdadeiro reflexo do que é e do que deseja se tornar.

Além disso, cultivar a gratidão na rotina pode ser uma das mais impactantes transformações de sua vida pessoal e profissional. A ciência nos mostra que pessoas que mantêm diários de gratidão, registrando três itens diariamente, tendem a experimentar o aumento significativo do bem-estar emocional e a redução dos níveis de estresse e ansiedade. Essa prática simples, mas eficaz, além de ser uma forma de lembrar-se do que é positivo, também é uma maneira de reprogramar a mente para focar no que realmente importa.

Para incorporar a gratidão em seu cotidiano, considere criar um "caderno da gratidão". Reserve alguns minutos ao final de cada dia para escrever suas reflexões. Pergunte a si mesma: "O que foi bom hoje? Quais momentos me trouxeram felicidade, mesmo que pequenos?". Ao registrar suas respostas, começará a notar um padrão de positividade que a incentivará para um ciclo virtuoso de reconhecimento e celebração.

Inspire-se em práticas simples que podem ser feitas a qualquer hora. Durante um trajeto de ônibus, quando estiver à mesa do jantar ou antes de dormir. Pause por um instante, respire fundo e manifeste mentalmente ou em voz alta três coisas pelas quais é grata. Esse ritual, mesmo que simples, aquecerá seu coração e permitirá que estabeleça um novo padrão mental que preencherá sua vida com mais amor e esperança.

Outras atividades que podem ajudar a cultivar a gratidão incluem escrever cartas dedicadas às pessoas que marcaram sua vida ou, até mesmo, realizar atos de bondade aleatória. Ao retribuir e expressar seus sentimentos, você nutre e cria um impacto positivo no mundo à sua volta. Às vezes, as coisas que mais nos fazem bem são as que fazemos pelos outros.

Por fim, a gratidão não é apenas um sentimento passageiro; é uma prática que deve ser cultivada diariamente. Experimente a riqueza que vem com a prática dessa virtude: a ampliação da felicidade, a diminuição do estresse e a melhoria dos relacionamentos. Ao reconhecer e celebrar suas vitórias, não importa quão pequenas sejam, você estará, ao mesmo tempo, alimentando sua motivação e fortalecendo a fé em si mesma para continuar avançando em sua jornada empreendedora.

Cultivar uma mentalidade de gratidão é uma decisão sua. Ao escolher diariamente as pequenas realizações e o amor, você se aproxima do futuro que deseja alcançar, carregando a satisfação do que já viveu, mas a certeza de todas as conquistas que ainda estão por vir. Celebre cada passo da sua jornada, reconhecendo que cada um deles é um reflexo do seu crescimento e da sua resiliência.

11

PREPARANDO-SE PARA NOVOS DESAFIOS E O CONTÍNUO CRESCIMENTO PESSOAL E PROFISSIONAL

Introdução à mentalidade de crescimento

A cada novo ciclo de aprendizados e descobertas, somos confrontadas com o conceito da mentalidade de crescimento. Essa ideia, tão fundamental no ambiente empreendedor, é desenvolvida na obra da pesquisadora Carol Dweck, ensinando que a forma como encaramos nossas habilidades e talentos pode moldar nosso caminho profissional, assim como, de muitas maneiras, a nossa vida. Para algumas pessoas, pensar em desafios pode ser intimidante, enquanto, para outras, pode servir como combustível para uma jornada repleta de possibilidades.

Quando falamos sobre mentalidade de crescimento, abordamos a disposição de enfrentar desafios, aprender com as falhas e perceber essas experiências como oportunidades. Algumas pessoas, no entanto, tendem a se prender à ideia fixa, na qual suas habilidades e inteligência são vistas como traços imutáveis. Tal fato pode manobrar nossas decisões e ações de maneira restritiva, impedindo que exploremos todo nosso potencial.

Imagine-se diante de uma nova proposta de negócios que a desafia a sair da sua zona de conforto. O que se passa pela sua mente? Se você vem de uma mentalidade fixa, pode sentir medo e preferir evitar o risco. Já a mentalidade de crescimento a fará questionar sobre como pode se preparar melhor e quais lições podem ser extraídas disso. Essa mudança simples de foco pode ser a diferença entre o sucesso e a estagnação.

Portanto, para que cada empreendedora tome as rédeas de sua jornada, é importante refletir: como tenho percebido minhas capacidades? Minha mentalidade tem me levado a um caminho de crescimento ou me prendido em limitações? Esses questionamentos são fundamentais, pois, ao ponderá-los, começará a vislumbrar a essência de sua jornada e a descobrir que as habilidades de se adaptar e se reinventar são alguns dos maiores trunfos do empreendedorismo.

Em contrapartida, conforme exploramos a importância da mentalidade de crescimento, é triste perceber que muitas mulheres ainda se veem cercadas por um panorama de autocrítica e dúvidas. Tais sentimentos, frequentemente, diluem-se em conversas internas negativas que nos afastam de nossa verdadeira essência e potencial extraordinário. Por isso, convido-a a abraçar a ideia de que cada desafio é uma oportunidade renovada. Não permita que o medo do fracasso a paralise, compreenda que temos o poder de moldar nosso destino por meio do aprendizado contínuo e da coragem de um novo começo.

Ao se preparar para novos desafios, comece cultivando essa mentalidade. Faça uma lista das áreas nas quais deseja crescer, seja expandindo seus conhecimentos e desenvolvendo habilidades ou, até mesmo, explorando novas conexões. Esse é o verdadeiro coração da jornada empreendedora! E, ao longo desse trajeto, cada pequeno passo conta. Nesse contexto, trago aqui uma reflexão valorosa:

Reflexão

Como devemos agir para alimentar nossa mentalidade de crescimento? Você notou que, conforme abraçamos as mudanças, somos capazes de conquistar o espaço que tanto desejamos?

Destaco, então, a **resiliência**, uma palavra que, por muito tempo, acompanhou-me em minha jornada e, como qualquer grande aprendiz, soube que os reveses, ao contrário do que muitos pensam, não são sinônimos de fracasso, mas oportunidades disfarçadas, ferramentas potentes que moldam nossa trajetória e nos preparam para desafios ainda maiores.

Quando olhamos para o conceito de resiliência, podemos pensar na imagem de uma árvore enfrentando uma tempestade. As árvores mais fortes não são aquelas que brotam em solo perfeito, mas as que crescem em ambientes áridos, nascidas de sementes resilientes; enfrentam ventos fortes e, ainda assim, continuam a se erguer. Suas raízes se aprofundam e se alargam, buscando a estabilidade e o sustento. As mulheres empreendedoras são assim: em cada desafio, enriquecem suas raízes e se tornam ainda mais firmes.

Tomemos como exemplo a trajetória de Ana, uma empreendedora que sonhava grande, mas viu seu negócio desmoronar em um instante. Durante esse período desafiador, perdeu seus investimentos e, infelizmente, a confiança em si mesma. Quantas de nós já não nos sentimos assim em algum momento? Contudo, Ana decidiu que em vez de se lamentar, iria aprender. Com determinação, inscreveu-se em cursos, leu livros e foi a eventos de *networking*. Cada fracasso a transformou – e, com cada aprendizado, reerguia-se mais forte.

Um detalhe importante é que resiliência não se trata apenas de ser forte, mas também de ter a coragem de se adaptar. O mercado é dinâmico e, por vezes, cruel. Cada mulher empresária deve aprender a dançar conforme a música, ajustando-se às mudanças com graça. Talvez um produto não tenha vendido como esperado, mas isso não é o fim. Pode ser uma chamada para a inovação – uma mudança que pode levar a resultados surpreendentes.

Agora, pare um momento e reflita: "Quais foram os reveses em minha jornada e como lidei com eles?". É essencial olhar para trás e reavaliar os momentos em que as coisas saíram do nosso controle. Peça ajuda a si mesma para encontrar o aprendizado em cada situação. Dizem que o fracasso é uma escola na qual as lições são as mais valiosas. Você percebe que a dor por ter caído é muito menos impactante que a alegria de saber ler o que as quedas têm a ensinar.

Para praticar essa recontextualização, proponho um exercício simples, mas profundamente transformador. Pegue um papel e anote três reveses que você enfrentou. Ao lado de cada um, escreva o que aprendeu com aquela experiência. Essa prática a ajudará a mudar sua visão sobre suas lutas e a fortalecerá para futuros desafios.

A nossa história, como a de Ana, é um constante convite ao aprendizado. Cada vez que enfrentamos um obstáculo, temos a chance de reescrever o roteiro da nossa vida. Por isso, lembre-se: a resiliência é o seu maior ativo. Aprenda, adapte-se e, acima de tudo, nunca perca a fé nas suas capacidades. Você é como aquela árvore robusta diante da tempestade – não evita a chuva, mas aprende a dançar sob cada gota.

Na próxima vez que se deparar com um desafio, pergunte a si mesma: "O que esse obstáculo pode me ensinar? Como posso transformá-lo em um trampolim para o meu próximo salto?". Ao cultivar essa mentalidade, você passa a se preparar para novos desafios e constrói um caminho sólido em direção ao seu crescimento pessoal e profissional. Ao final do processo, depois de mexer nas feridas do passado, descobrirá que suas cicatrizes são, na verdade, sinais de força e superação.

Preparar-se para novos desafios é uma habilidade essencial que toda empreendedora deve dominar. O primeiro passo é identificar quais aptidões são cruciais para que se sinta confiante ao enfrentar o desconhecido. Neste contexto, temos algumas habilidades como comunicação, resolução de problemas e adaptabilidade, que se tornam pilares fundamentais na sua jornada.

Para visualizar melhor esse desenvolvimento, elabore uma lista com habilidades que você gostaria de aperfeiçoar. Pode ser algo específico, como melhorar sua capacidade de negociação, ou mais amplo, como aprender a gerenciar seu tempo de forma mais eficaz. O importante é se comprometer a trabalhar nessas áreas.

Além dessa identificação, é vital contar com ferramentas de apoio que facilitam o processo de desenvolvimento e podem ser extremamente eficazes, como o mapa mental. Trata-se, como já abordamos, de uma técnica que permite a organização das ideias e a criação de conexões claras entre elas. Você pode começar a criar um mapa mental sobre as habilidades que deseja desenvolver, abordagens que gostaria de experimentar ou, até mesmo, sonhos que gostaria de realizar.

Outra opção notória é a definição das já mencionadas metas SMART, tornando-as mais claras para que transforme suas intenções em ações concretas, dando um passo decisivo em direção ao seu crescimento.

Ou ainda, que tal realizar uma análise SWOT? Ao mapear suas forças, fraquezas, oportunidades e ameaças, pode haver uma visão clara daquilo que está enfrentando e de como pode se preparar para novos desafios, facilitando o processo decisório e o planejamento das suas ações, para que esteja sempre um passo à frente.

Agora, trago uma proposta prática que pode oferecer estrutura a todo esse processo: crie seu plano de ação. Defina onde quer chegar e o que precisa para alcançar esse objetivo. Para começar, escolha a habilidade que esteja mais empolgada para desenvolver. Depois, escreva um cronograma com prazos realistas e métricas de sucesso. Ao fazer isso, você transforma suas aspirações em um plano concreto e se compromete com o seu próprio desenvolvimento.

Encorajo-a a fazer uma pausa e refletir sobre seus sonhos e capacidades. A cada passo em direção ao desconhecido, você se despede do antigo e se acolhe em novas e estimulantes oportunidades. Então, o que está esperando para dar o próximo passo em sua jornada? O mundo está cheio de experiências que a esperam; agarre-as com as duas mãos e avance confiante, sabendo que cada obstáculo é uma oportunidade fantástica para se reinventar e crescer.

Nesse quesito, construir uma rede de suporte sólida é como erguer um edifício: cada conexão é um tijolo na estrutura de sua carreira e vida pessoal. Em um mundo competitivo, cercar-se de pessoas que compartilham seus valores, sonhos e ambições, é fundamental. Essa rede não se limita apenas ao ambiente profissional; estende-se a amizades e relacionamentos que enriquecem nossa jornada.

Temos também o networking, uma das habilidades mais poderosas que uma empreendedora pode cultivar. Por muito tempo, pensei que construir relacionamentos significava apenas trocar cartões de visita ou conectar-me pelo Linkedln, mas a verdade é muito mais profunda. Essa prática é sobre criar laços genuínos e autênticos; sobre ouvir, compartilhar e apoiar, reconhecendo que cada um de nós pode ser um farol na vida do outro, oferecendo luz, direção e força.

Considere a história de Patrícia, uma jovem em ascensão no mundo dos negócios e que, desde o início de sua carreira, percebeu que não poderia alcançar suas metas se permanecesse isolada. Ela começou a participar de reuniões de grupos de empreendedoras e, nessas ocasiões, teve a chance de conhecer outras mulheres que enfrentavam desafios semelhantes.

O que começou como um mero encontro se transformou em amizade. Juntas, elas compartilharam conhecimento e experiências e, com o tempo, Patrícia encontrou mentoras que a incentivaram a seguir frente a cada obstáculo. O apoio mútuo foi essencial em sua trajetória, permitindo que crescesse em áreas que antes pareciam inexploráveis.

Um aspecto fundamental dessa construção de rede é a disposição de dar antes de receber. Tal como uma planta que precisa de água para florescer, é preciso semear carinho, apoio e generosidade. Em encontros de *networking* procure, principalmente, ouvir atentamente a história do outro. Você pode descobrir talentos ocultos ou parcerias inesperadas. O simples ato de prestar atenção pode abrir portas nunca imaginadas.

Além do ambiente físico, considere também a influência das plataformas digitais. As redes sociais são ferramentas poderosas para se conectar com pessoas ao redor do mundo. Ao seguir líderes de pensamento, compartilhar suas conquistas e interagir nas discussões, você lançará sua voz a um público mais amplo.

Mas, cuidado! Escolha suas conexões com sabedoria. As vozes ouvidas diariamente moldam nossa mentalidade e nosso comportamento. Portanto, entender como as relações cultivadas afetam nossa vida é um passo decisivo para zelar por nossa prosperidade.

Ao criar laços, lembre-se de ser genuína. O famoso autor e motivador Dale Carnegie, em sua obra *Como fazer amigos e influenciar pessoas*, publicada em 1996, dizia que "você pode fazer mais amigos em duas semanas interessando-se por outras pessoas do que em dois anos tentando que outras pessoas se interessem por você" (1996, p. 84). Esse princípio realmente muda a dinâmica das interações. Em vez de esforçar-se para promover sua imagem, gentileza e interesse genuíno, geralmente atraem uma rede mais rica e gratificante.

Por fim, ao encerrar esta reflexão, permita-se ir além. Desafie-se a encontrar novas conexões, seja em eventos, reuniões on-line ou grupos de discussão. Proponha-se a entrar em contato com alguém que admira ou que te inspira. O que você pode aprender com essa pessoa? Como pode contribuir para sua jornada? Ao construir sua rede de apoio, lembre-se de que criar conexões significativas não traz apenas oportunidades, mas também promove um ambiente de amor, apoio e resiliência.

Você está pronta para se conectar, crescer e florescer com as mulheres que a cercam? Uma rede de suporte é mais do que um grupo de contato; é uma comunidade que celebra, apoia e, acima de tudo, revela o potencial que todas nós carregamos. Vamos juntas?

12

ENCERRAMENTO

A JORNADA NÃO TERMINA AQUI – COMO MANTER O FOCO E CONTINUAR A TRANSFORMAÇÃO

Reflexão sobre a jornada até aqui

Após termos percorrido esta trajetória, vem à minha memória a força das palavras que refletimos em cada página. Cada capítulo deste livro está repleto de lições que vão além do aprendizado acadêmico ou profissional; são verdadeiros convites a uma transformação interna profunda. Desde a identificação da mentalidade até as estratégias de networking, é imperativo que façamos uma análise sincera sobre tudo que foi compartilhado e vivido.

A primeira das poderosas lições trazidas é reconhecer que a jornada do autoconhecimento exige prática constante. Pois, quando falamos sobre resiliência, por exemplo, devemos nos lembrar de que ela não se limita às dificuldades encontradas, mas se expande à forma como escolhemos nos levantar e recomeçar. Assim, em nossa vida diária, como podemos aplicar essa sabedoria?

Vamos nos lembrar das histórias inspiradoras que foram narradas; cada uma possui um eco que ressoa em nossas experiências e anseios. Que tal revisitá-las para refletirmos sobre o que aprendemos? Quais momentos mais nos impactaram profundamente e como podem ser utilizados como âncoras para o nosso futuro?

Convido-a a escrever as suas descobertas. Permita que as palavras no papel sejam um reflexo da sua jornada, um passo a mais na construção do seu futuro. Crie um espaço sagrado em um caderno ou diário, onde você possa revisitar os aprendizados e traçar novas metas.

Lembre-se, também, da importância de nos cercarmos de experiências positivas e das músicas que ressoam com nossos sentimentos. Além disso, o autocuidado e a valorização das pequenas vitórias são princípios que, se cultivados diariamente, irão se tornar flores em um jardim exuberante. Por isso, a colheita da alegria é fundamental na jornada.

No entanto, a travessia pelas páginas deste livro não termina aqui; pelo contrário, trata-se de um convite para que continuemos a escrever a nossa própria história. Quais delas ainda faltam para serem contadas? Que novas experiências estão por vir e como podemos nos preparar para isso?

Convido-a a olhar o caminho já percorrido e imaginar as novas trilhas em que deseja se aventurar. Vamos em frente!

Destaco ainda que, para manter o foco e continuar a transformação aqui iniciada, é vital que cada leitora tenha em mente algumas estratégias capazes de fortalecer e reforçar seu caminho. A primeira é a criação de um ambiente propício ao crescimento. Isso começa por sua própria casa ou espaço de trabalho, que deve refletir suas aspirações e valores por meio de um lugar no qual se sinta inspirada e motivada. Mantenha objetos de que gosta à vista, um mural que represente seus sonhos ou, até mesmo, uma planta que traga vida e energia. Cada detalhe conta!

Além disso, não se esqueça do poder das companhias. Cercar-se de pessoas que emanam positividade e estão alinhadas com seus objetivos é fundamental. Construa laços com indivíduos que a incentivem e não a puxem para baixo. Como sempre dizemos, as conexões que criamos moldam nosso crescimento. Devemos cultivar amizades que inspirem nossa jornada e estejam mais dispostas a ouvir e compartilhar conquistas e desafios. Quando nos sentimos apoiadas, encontramos forças em lugares que nem imaginávamos.

Outro ponto essencial é definir pequenas metas. O caminho da transformação não precisa ser extenuante. Levante marcos que possam ser celebrados ao longo da jornada. A cada pequena vitória, permita-se uma pausa, um brinde à sua determinação e ao seu comprometimento. Esses atos ajudam tanto a manter a motivação elevada, quanto garantem que esteja ciente e grata por cada passo.

Também considere a prática de uma rotina de autoconhecimento, que pode fazer toda a diferença no dia a dia. Exercícios de escrita reflexiva, em que analisa seus sentimentos e pensamentos, podem elevar sua clareza mental. De igual forma, meditar ou simplesmente dedicar alguns minutos para silêncio e introspecção irão ajudá-la a conectar-se com seu eu interior, a ajustar as velas e a prosseguir na direção que realmente deseja.

Também desejo que compreenda que sua jornada nunca é solitária. Compartilhe seus aprendizados, desafios e conquistas, criando um espaço de empoderamento e amor. Você pode ser a inspiração que outras mulheres precisam! Crie uma comunidade na qual o apoio mútuo é essencial. Ao refletir sobre seu crescimento, visualize não apenas onde está agora, mas onde deseja chegar, desenhando toda essa trajetória com coragem e esperança.

O foco e a motivação são cultivados diariamente. Cada nova experiência, cada pequeno ajuste em sua rotina, fortalece a resiliência que já existe dentro de você. A mudança não é um destino, mas uma jornada e, ao continuá-la, lembre-se sempre: você é merecedora de todas as conquistas que deseja alcançar. A transformação que começou aqui é só um vislumbre do imenso potencial que ainda está por vir.

Ao aprofundar-se na continuidade da transformação pessoal e profissional, é vital reconhecer que a aprendizagem não é um ponto de chegada, mas um caminho repleto de descobertas e crescimento. Nesta jornada, há oportunidades valiosas de expansão, e é imprescindível que esteja preparada para aproveitá-las. A disposição para aprender e se adaptar é uma habilidade que precisa ser cultivada continuamente.

Uma excelente forma de seguir nessa evolução é buscar recursos adicionais que alimentem a curiosidade e ampliem o conhecimento. Inúmeros livros, cursos e podcasts estão disponíveis para enriquecer sua mente e visão sobre o mundo.

Ao criarmos rotinas que incluam o aprendizado constante, nos mantemos atualizadas e inspiramos pessoas ao nosso redor a fazerem o mesmo. Que tal elaborar uma lista de cinco livros que gostaria de ler? Escolha temas que a desafiem e a façam pensar em novas perspectivas. Isso vai enriquecer seu conhecimento e aumentar a capacidade de impactar positivamente seu ambiente.

Nesse ponto, é preciso também falar sobre a importância da comunidade. A força de um grupo que se inspira mutuamente gera um efeito dominó de conquistas. Participar de grupos de mulheres empreendedoras ou buscar mentorias pode ser uma maneira maravilhosa de cercar-se de pessoas que compartilham paixões semelhantes. Essas conexões podem propagar boas energias, trocar experiências e ampliar horizontes. Por meio de eventos comunitários, você pode encontrar não apenas amigas, mas aliadas em sua caminhada, aquelas que juntas atravessam desafios e se celebram nas conquistas.

A tecnologia também pode trazer grandes oportunidades. Utilize plataformas de networking e redes sociais para se conectar com outras profissionais, trocar ideias e realizar colaborações que podem alavancar sua carreira. Não tenha medo de buscar ajuda, seja por meio da expertise de alguém ou participando de um grupo com objetivos semelhantes. Compartilhar suas lutas e conquistas constrói um sentimento de pertencimento e fortalece laços que serão fundamentais ao longo da sua jornada.

Uma prática que pode soar simples, mas que gera impactos profundos, é dedicar tempo para refletir sobre suas experiências. A escrita reflexiva pode ser uma importante ferramenta para consolidar aprendizados. Reserve um momento a cada semana para anotar suas experiências, o que funcionou e o que gostaria de mudar. Essas percepções se tornarão um guia confiável, ajudando-a nos ajustes do curso quando necessário. Entretanto, não nos esqueçamos que a vida é um grande aprendizado e, nesse caminho, cada experiência tem seu valor.

Como podemos ver, o futuro está repleto de possibilidades a serem exploradas. Você não está sozinha nessa jornada; existem muitas mulheres desejando apoiar-se mutuamente, e a amizade e os laços construídos nesse espaço são fundamentais para alimentar nosso crescimento. Agora é hora de agir e começar a traçar seu próprio mapa de aprendizado. O que você fará hoje para continuar nesse caminho de transformação?

Todo passo é importante, e a empolgação pelo que está por vir deve tornar sua jornada ainda mais emocionante. Você é uma força da natureza, sustentada por suas experiências – cada uma delas um bálsamo que cura e um impulso que leva a novos horizontes. É hora de brilhar, pois esse percurso não termina aqui; ele está apenas começando!

A jornada do autoconhecimento e da transformação é um contínuo exercício de evolução. Dessa maneira, ao refletirmos sobre os últimos meses, é vital lembrarmos que, a cada avanço, temos a oportunidade de reavaliar nossas experiências e ajustar nossas direções. Assim, abrimos um espaço para o apelo à continuidade, e desejo que cada uma de vocês siga em frente com coragem e determinação.

O autoconhecimento deve ser cultivado como um jardim em que, a cada estação, é possível semear novas ideias e colher frutos saborosos. Neste momento, convido você a pensar em quais áreas da sua vida gostaria de se aprofundar. Como as diferentes experiências vividas a moldaram até aqui? É hora de abraçar essa reflexão e anotar o que deseja explorar mais a fundo.

Ao falarmos sobre continuidade, é impossível desconsiderar o fato de que vivenciamos desafios diariamente. Algumas vezes, o caminho defenderá momentos de incerteza ou dor, mas é nas dificuldades que frequentemente encontramos a força necessária para nos reerguemos e avançarmos. A resiliência se revela, assim, como um verdadeiro catalisador da transformação.

Menciono, por fim, Júlia, que, após uma série de reveses na vida profissional, decidiu não desistir. Iniciou a meditação diária que lhe trouxe clareza e foco renovado. Os desafios tornaram-se lições, e sua trajetória mudou quando aprendeu a ver a adversidade sob uma nova luz.

E como podemos nos conectar com histórias como essa? Abraçando nossas vivências! Encoraje-se a fazer seu diário. Nele, poderá registrar não apenas suas frustrações, mas, essencialmente, suas vitórias, mesmo as pequenas. O simples ato de escrever às vezes transforma o que parecia insignificante em um ensinamento impactante.

À medida que seguimos nessa jornada, que tal também dedicar um tempo para o autocuidado? Isso envolve o cuidado com o corpo, a mente e o espírito. Inclua em sua rotina momentos de descontração, práticas que tragam alegria e leveza. Um simples passeio em meio à natureza ou a leitura de um bom livro pode fazer maravilhas pelo seu bem-estar.

Ao encerrarmos esta etapa de aprendizado, não a encaremos como um fim, mas como um marco no início de algo ainda mais grandioso. As maiores aventuras da vida muitas vezes começam quando ousamos atravessar as portas do desconhecido, levando a coragem dentro de nós e desafiando as expectativas que temos sobre nós mesmas.

Trace um plano para esse novo capítulo que está sendo escrito por você. Escreva o desejo de transformação que arde em seu coração e não se esqueça das práticas que mencionamos aqui. Juntas, somos capazes de muito mais do que imaginamos. Deixe sua história ser um testemunho de resiliência, força e, acima de tudo, de autodescoberta.

Que as luzes do autoconhecimento iluminem seu caminho, e que cada dia seja uma nova oportunidade para brilhar ainda mais intensamente. Como eu sempre digo: "Não se esqueça de que você é feita de estrelas – brilhe e contagie aqueles ao seu redor com sua luz".

EPÍLOGO

Queridas leitoras,

Chegamos ao final desta jornada juntas, e sinto profunda gratidão por cada uma de vocês que se permitiu embarcar nesse processo de autoconhecimento e transformação. Espero que, a cada página lida, tenha encontrado informações e ferramentas valiosas – e, acima de tudo, um chamado para se conectar com a sua verdadeira essência.

A vida é uma jornada de altos e baixos, e não existe ponto final, e sim crescimento e evolução contínuos. Que cada ideia aqui compartilhada ressoe dentro de você e se transforme em algo palpável nas suas decisões, no seu dia a dia e na construção dos seus sonhos. Lembre-se sempre: você é a protagonista da sua própria história, e seu poder é infinito.

Inspire-se nas histórias de superação que trouxemos. Reflita sobre suas vitórias, celebre cada passo e nunca subestime a força que reside em seu interior. Encorajo você a continuar essa busca pelo autoconhecimento, cercando-se de pessoas que elevam sua energia e aprimoram constantemente suas habilidades.

Não tenha medo dos desafios, eles são oportunidades disfarçadas de aprendizado. Confie na sua intuição e permita-se abraçar a vulnerabilidade, pois é ali que a verdadeira força se revela. Que você continue a trilhar o caminho do autodescobrimento, ajustando o curso quando necessário, e sempre avançando com coragem.

Agradeço profundamente por me permitir fazer parte dessa importante fase da sua vida. Vamos juntas continuar brilhando, nos apoiando e vivendo vidas que verdadeiramente reflitam nosso propósito e nossos valores.

Com carinho e gratidão,

Michele Bouvier Sollack

REFERÊNCIAS

BROWN, B. Listening to shame. *TED Conferences*, 2012. Disponível em: https://www.ted.com/talks/brene_brown_listening_to_shame. Acesso em: 14 maio 2025.

DORAN, G. T. There's a S.M.A.R.T. way to write management's goals and objectives. *Management Review*, v. 70, n. 11, p. 35-36, 1981.

CARNEGIE, D. *Como fazer amigos e influenciar pessoas*. 2. ed. Rio de Janeiro: Companhia Editora Nacional, 1996.

COVEY, S. R. *Os 7 hábitos das pessoas altamente eficazes*. Rio de Janeiro: BestSeller, 1989.

EISENMANN, T. Why start-ups fail. *Harvard Business Review*, Boston, maio-junho/2021. Disponível em: https://hbr.org/2021/05/why-start-ups-fail. Acesso em: 15 maio 2025.

GOLEMAN, D. *Inteligência emocional:* a teoria revolucionária que redefine o que é ser inteligente. Rio de Janeiro: Objetiva, 1997.

IBC COACHING. *Roda da vida:* avaliação de satisfação. [S.l.]: IBC Coaching, 2020. Disponível em: https://media.ibccoaching.com.br/pdf/roda-da-vida-avaliacao-de-satisfacao.pdf. Acesso em: 12 mar. 2025.

MATTHEWS, G. The Impact of Commitment, Accountability, and Written Goals on Goal Achievement. *Psychology | Faculty Presentations*, n. 3, 2007. Disponível em: https://scholar.dominican.edu/psychology-faculty-conference-presentations/3/. Acesso em: 15 maio 2025.

SEBRAE. Como fazer um mapa mental para criação de conteúdo. *Sebrae*, 2023. Disponível em: https://sebrae.com.br/sites/PortalSebrae/artigos/como-fazer-um-mapa-mental-para-criacao-de-conteudo,7c09abfd648e4810VgnVCM100000d701210aRCRD. Acesso em: 12 mar. 2025.